自己資金150万円から!

はじめよう 小さな飲食店

飲食店プロデューサー
株式会社パシオ 土屋光正 著

同文舘出版

はじめに

毎年、大手生命保険会社が小学校6年生以下の子供達に「大人になったらなりたいもの」をアンケートで聞いています。女子の断トツトップは、10年以上連続で「食べ物屋さん」。男子でも「食べ物屋さん」は3位で、料理人も10位に入っています。アイドルや宇宙飛行士よりも人気があるのです。

同じ会社が、全国約52万人（!）もの成人を対象に、「もし別の人生を歩めるとしたら何になりたいか?」と〝大人の夢〟について行なったアンケートでも、「食べ物屋」は女性の4位だったそうです。つまり、子供には断トツ人気の夢の職業。そして、大人になっても人気を失わないのが飲食店を開くことなのです。

飲食店をやりたい人の多さ、人気にはいつも驚かされます。実際に現場の仕事を間近で見ていると、多くの場合が立ちっぱなしの労働環境や、働く時間の割には多いと言えない収入など、職業として厳しい業界だと思うのですが……。

それでも、「飲食店を開業し、一国一城の主になる」人が絶えないのは、いろいろな障害があってもなお、多くの人を惹きつける、それに勝る魅力があるから、と言えるでしょう。

焼鳥屋でもラーメン店でも、店が繁盛して有名になると行列ができたり、予約の取りづらい店になることがあります。ときには、お客として芸能人が来て友達になったりもします。雑誌やテレビに紹介される確率は、他の職業に比べて圧倒的に高いと言えるでしょう。小さな個人飲食店を経営しているだけで、有名人になれる。それが飲食店オーナーなのです。別に、スターと友達になれるから、有名になれるから飲食店は魅力的だというわけではありません。

最近の飲食業は、人気に裏打ちされた、社会的なステータスの高さを持つようになっているのです。飲食店は「多くの場合、立ちっぱなしで長い労働時間」と書きましたが、繁盛店ともなれば、短い営業時間にしてもいいし、休業日を増やしてもやっていけます。ときには、その店が開いている時間の短さが売りになることさえあるのです。

だから、中高年の方にとっても飲食店の経営は魅力的な職業だと言えます。実際、本書では、40歳代後半に開業してから10年を越え、今も現役で楽しく自分のペースで店を続けている方をご紹介しています。

私の25年間にわたる、日本初の「飲食店開業プロデューサー」生活は、繁盛店づくりの研究を続けてきた四半世紀と言えます。この間に、約600店の開業に関わってきました。そのなかには、坪当たり月商が100万円を超える店や、悪立地にもかかわらず行列をつくる店が、数多く含まれていました。

もちろん、成功の要因は開業者自身によるところが大きいのですが、私の会社パシオがその成功に貢献しているとしたら、それは私が、スーパーマーケットのSP（セールス・プロモーション）や企業向けのCI（コーポレイト・アイデンティティ）を手掛けていたことで、通常の飲食店コンサルタントとは別の切り口から、繁盛・集客をとらえていることが大きいと思います。それは、ひと言で言うと「お客さんの立場になって考える」という、マーケットインの発想がパシオでは徹底されていることから違いが生まれるのだと思います。

飲食店には、「絶対に繁盛する方法」があると思っています。ですから私は、繁盛店をつくることを、難しいこととは思っていません。その理由〝パシオ流〟の繁盛店開業法の核となる部分を、本書ですべて披露します。

1992年以降数年のバブル崩壊時にも、開業した飲食店は数多くありました。今思うと、景気の悪い、難しい時に開業した店のほうが鍛えられ、長く続いているようです。

この未曾有の大恐慌時代だからこそ、より個性的な魅力ある個人店が求められ、繁盛のチャンスが生まれくるのだと思っています。

2011年2月

株式会社パシオ　土屋光正

自己資金150万円から！　はじめよう小さな飲食店　もくじ

3章

予算別　繁盛店の開業法

4章 絶対失敗しない 繁盛立地の見分け方Q&A

5章 また行きたくなる内外装12のポイント

6章 思いもしなかったトラブルから学ぶ こんな時、どうする!?

7章 繁盛店をつくるために本当に必要な5つのこと

カバーデザイン 齋藤 稔
本文デザイン・DTP シナプス

1章

「好きなこと」で楽しく開業しよう

「好きなこと」を職業にするからこそ、成功するのだと思います。

　好きだからこそ研究したくなり、工夫することやアイデアが生まれるのです。

　飲食業で開業し成功するには「人にサービスすることを楽しめる人」であることがポイントになります。

飲食店ほど楽しい商売はない！

●お金をいただき感謝の言葉までもらえる、それが飲食店

飲食店を開き、自分の思い通りの店をやってみたいと思ったことはないでしょうか？私は、個人の飲食店開業を手伝う仕事を25年以上続けていますが、飲食店ほど自由度が高く、楽しい商売はないと思っています。

理由はいくつもあります。そのひとつが、飲食店ではお客さんが「ありがとう」と言って帰って行くことが珍しくない、ということです。お金をいただく側なのに「ありがとう」の言葉（感謝）までもらえる。こんな仕事、他にはちょっとありません。飲食店をやると、毎日「ありがとう」の言葉に囲まれた人生を送ることが可能になるのです。これだけでも、すごい仕事だと思います。

●飲食店には決まったやり方などない

あなたが、大手チェーンに勤めようとしていたり、FCに加盟して飲食店をやろうとしているのなら別ですが、決まったやり方に当てはめて開業しようとすると、個人店は面白くなくなっていくような気がします。この本は、大手チェーンに勤めようとしてる方や、FCに加盟しようとしている人向けに書かれていません。自分の人生を、自分で描いて、自分なりのやり方で独立する——その具体的な形として、飲食店を選ぶ人向けの本です。

「飲食店とはこうあるべき、こうしなきゃならない」といった決まりごとが、今の飲食店をつまらなくしているように見えます。

原価率は30％とか、接客5大用語とか、一定の基準はありますが、個人店にとっては、そんなことよりも「目の前にいるお客の○○さんを喜ばせたい」とか、「楽しませたい」とか、そちらのほうが重要だと思っています。

自分の人生を、ひとつの作品としてとらえてみよう

朝、市場に行ったら秋刀魚のいいのが入っていて「ああこれを炭火で焼いて○○さんにランチで食べさせたいな。○○さんどんな顔するかな？」と思って仕入れてくる。その料理は、原価が70％になっているかもしれない。それだけを取り上げたら、とても商売人のやることではないかもしれません。

でも、想像してみてください。

目に前にいる〝その人〟に喜んでもらうことを商売にする楽しさといったらないと思いませんか？

自分の人生をひとつの作品と見た時、「世間一般の決まりごととは違っていたかもしれないが、喜ばせた人の顔が数多く浮かぶ人生」と、「世間一般の決まり通りのやり方でやってきて、しっかりと儲かったが、お客さんの喜ぶ顔は浮かばない人生」の、どちらの人生により魅力を感じるのか？　ということだと思います。

好きなこと・マイブームが繁盛の種になる

●B級グルメの次にくるもの

B級グルメとはそもそも「安価で日常的に食される庶民的な飲食物」を指していたのですが、最近は街興しのための〝ご当地B級グルメフェア〟などが数多く開催されて、知名度が上がってきました。その影響か、今では「郷土料理のように歴史は長くないが、ご当地で人気の大衆商品」を指すようになってきました。

その延長で、もっと狭い範囲での人気商品、たとえば「ある人の好きなもの」レベルのものでも、その商品や食べ方が支持されると、それが小さなブームになるようになりました。たとえば、ある芸能人が大ファンのラーメンを自宅に取り寄せ、「トマトを入れると、とても美味しい」という個人的な食べ方をブログで公開する。すると、店側がその情報を知り、逆に店の限定メニューに取り入れて、その商品（食べ方）がヒットする、といったことが起こるようになってきました。

インターネット時代になり、個人が発信力を得るようになった結果、マイブームがときには口コミになって広まり、大きな影響力を持つようになってきました。

●「C級」グルメが今、熱い？

名古屋の豚骨ラーメン店が始めた、つけ麺の残り汁にごはんと生卵を加えて煮立ててつくる〝おじや〟と、さらにチーズを加えた〝チーズリゾット〟が、名古屋市の一部で人気になりました。エリアの狭さといい、残り汁を入れて……というチープさも、B級ならぬC級と呼ぶにふさわしい商品で、話題になっています。

これも、残り汁にごはんを入れて食べるのが好きという、一スタッフのマイブームの延長に起きた出来事です。

東京でも、「もつやき処い志井」という店を経営する会社が、新宿三丁目エリアを「ホルモンの街」にするという目標で、もつ焼き業態を集中して出店しています。この会社の店だけではなく、もつ関係の飲食店が少しずつ増えてきて、将来は本当に「ホルモンの街」になるかもしれません。

●あなたのこだわり、好きなものが新飲食ジャンルになり得る

東京・王子にあるおでん屋「あがれや」の〝トマトのおでん〟も非常に人気が高く、王子駅近辺の居酒屋では〝トマトのおでん〟を置く店が数多くあります。一個人店が発信したものが、エリアへの影響力を持つようになってきました。個人発信のものが、エリアへ広がってゆくC級グルメブームの例です。

呼び名はC級グルメでも何でもいいのですが、個人のあなたが発信した商品や食べ方が、ひとつの飲食ジャンルになるかもしれない、そんな可能性を秘めているのが、飲食店なのです。

個人店はチェーン店より有利

●飲食店だからこそ、大手の店とも差異化できる

個人経営の物販業がコンビニエンスストアにとって代わられて、店が激減したのに対して、飲食店はまだまだ個人店が数多く残っています。これは、飲食業は物販業よりも個人店が活躍できる場が多いことを表わしています。つまり、飲食業は個人経営に向く業種と言えます。

と言うのも、物販業の場合、個人店であったとしても、大手チェーンと同じものを売らなければならないことが多いのに対して、**飲食店なら同じ商品であったとしても差異化しやすい**のです（私が元々スーパーマーケット業界、つまり物販業の出身だから余計にそう思うのかもしれませんが）。

たとえば、居酒屋の代表的な出筋商品である「枝豆」を例にとると、向かいのチェーン

店は冷凍から茹でた枝豆を280円で出している。自分の店は、生から茹でたものを380円で出す。さらに、沖縄の塩を使って「沖縄の塩で茹でた露地モノ枝豆」となると、同じ枝豆という名称でも、先程のチェーン店の冷凍枝豆とはまったく別の商品価値をつくることができます。つまり飲食店なら、自店だけのオリジナル商品が個人でもつくりやすいのです。

●思いついたらすぐ商品化。これが個人店の強み

先月、九州の大分県に行ったら、鶏肉の天ぷら「鳥天」が名物料理だと言います。食べてみるとサクッとした衣で、鶏の唐揚げとは違った食感でなかなか美味しい。その話を栃木県宇都宮市の「焼とん屋二代目こっこのすけ」のオーナーに電話で伝えると、翌日さっそく通販で取り寄せ、試食したそうです。豚肉の天ぷらは面白いということで、私が電話した3日後から、お店で「豚天（とんてん）」というネーミングで、メニューにラインナップされていました。今では店の人気商品のひとつだと言います。

個人店のこのスピード感がたまりません。大手のチェーン店だと、新商品・新メニューを出すのに、3ヶ月かかることも珍しくないのですが、**個人店であればすぐに対応できる**

のです。

●お客さんと情報にタイムラグがないからヒットする

ましで、飲食には〝旬〟がありますから、より一層タイムリーさが要求されます。テレビ番組で「焼き筍が面白い！」と特集で紹介されたなら、すぐにでも店で出せるかどうか検討すべきです。1ヶ月後に商品化されたのでは、もうその季節が、旬が終わってしまっているからです。これが個人店なら、昼に見た番組の商品を、その日の夜に出すことができます。お客さんも同じテレビ番組を見ていて「食べてみたい」と思った人がいたかもしれません。

お客さんとの情報にタイムラグがない。この速さが、個人店ならではの強みであり、魅力となるのです。

なぜか〝飲食素人〟の店は繁盛する

●「こんな店があったらいいな」が繁盛をつくる

いざ飲食業で独立！　となれば、飲食店で働いた経験が多いほど成功できると考えるのが普通だと思います。経験が多いほど有利――それはどの商売でも言える常識でしょう。

でも今、飲食店の現場で起きていることは、ちょっと違っています。

元不動産業の人が短期間に焼肉店を全国展開したり、アパレルに勤めていた方がラーメン店を開いて成功したり、特別な例ではなく飲食店は異業種参入の方の成功者が多いのです。

その理由をひと言で言うと、〝お客体験〟をする中で、**「こんな店があったらいいな！」という思いを、お客側の発想で形にしていく**からだと思います。

つまり、飲食業素人だったがゆえに、お客の側からの発想で楽しみながら店づくりができて、結果としてお客の望む店ができ上がり、繁盛店になるのだと思います。

もちろん、お店に来るお客さんは飲食業素人が大半ですから、お客の立場になった店を支持します。

●既成概念にとらわれない〝素人発想〟が繁盛の源

東京の九段下にある「斑鳩」というラーメン店のオーナー坂井保臣さんの前職は、アパレルメーカーの仕入れ担当、つまり異業種からの転身です。

2000年に開店し、ラーメン店の既成概念にとらわれることのない〝素人発想〟の店をつくり上げました。

元気一杯の接客が主流だった時代に、急かすような忙しい雰囲気はつくらないようにして、落ち着いた接客サービスの店にしました。モノトーンを基調とした内装に、ジャズが流れる店内。黒のユニフォーム。土物の和の器を丼にするなど、それまでのラーメン店にはないものばかりでした。

スープには、築地から仕入れた高級料亭で使用するような、本枯れ鰹・本枯れ鯖・鶏ガラ、利尻昆布などの食材を惜しげもなく使い、天然素材のみを使って手間と時間をかけてつくり上げる、体に優しいラーメンです。煮卵にも、最高級のブランド卵を使いました。材料を厳選して高品質のものばかりを使ったので、殻などの臭みを消す必要がなくなり、ネギを使用していないのもこの店の特徴です。これらすべてが、当時は新しいやり方・発想でした。

●飲食業素人によって、日々新しい飲食スタイルが確立されている

驚くことに、10年前当時は、〝初〟に近かったそれらのことが、今ではラーメン店のひとつのスタイルになっています。ラーメン店でBGMにジャズが流れることや、モノトーンの内装やユニフォーム、和の器の丼……などがそうです。

つまり結果から見ると、10年で飲食業素人の方がラーメン店のひとつのスタイルをつくってしまったのです。これも、飲食業の特徴です。

ラーメン店だけでなく、日々新しい飲食スタイルが確立されています。そして、そのアイデアの源は飲食業界で経験のなかった、素人の方から出ることが多いのです。

専門飲食店で独立開業する

前項で「飲食店は異業種から参入した人に成功者が多い」と書きましたが、和食店や中華料理店などで、数多くの料理を覚えて調理技術をマスターするためには、当然のことながら多くの時間が必要です。

もちろん、「自分はホールを担当するから、料理人は他人を雇って」といった選択肢もありますが、私はそのやり方はお勧めしません。なぜなら、開業プロデュースの仕事を始めて25年の間に、雇った料理人が辞めたために店が成り立たなくなった例を嫌というほど見ているからです。

たとえば、プロの和食の料理人を雇って居酒屋を開いたものの、メニュー内容で意見が合わず開店2ヶ月で料理人が辞めてしまい、急遽家庭料理店に業態変更した女性オーナーの店。開業後1年の間に、料理長が三人も変わってしまった和食ダイニングバー。開店半年ほどで、一緒に連れて来た弟子の料理人ごと料理長が辞めてしまったイタリア料理店など、挙げていったらキリがありません。

「俺は違うよ。うまくやれるよ」と思うかもしれませんが、前述のオーナー達も、その時は「私は大丈夫」と言っていたのです。

●単品専門飲食店なら短期間で調理技術をマスターできる

飲食店は長い経験が必要のない業種・業態がたくさんあります。無理にプロの料理人を雇わなくても、開業者自身で調理ができる業種・業態にすればいいと思うのです。焼鳥屋、ラーメン店、おでん屋、お好み焼き屋など、単品専門飲食店であれば、短いトレーニングで調理技術をマスターすることができます。

居酒屋・酒場系も、〝お酒を飲んでいただき、楽しんでもらう業種〟と考えれば、やり方によっては調理技術にそれほどこだわる必要はありません。調理技術よりも、いかにお客さんを楽しませるかという工夫をしたほうがいいのです。

●調理技術もホールの技術も一通りマスターする

せっかく夢を叶えて店を開いたのに、「料理人が辞めたら店を閉めなければならない」といったような状況では、いつまで経っても店の経営を心から楽しめないと思うのです。

楽しく店を続けていくためには、まずは開業するあなた自身が、調理技術もホール技術もひと通り両方マスターしていること。そして、ひと通りできるようになってから、調理担当あるいはホール担当に人を雇います。

いざとなれば、すべての仕事が自分でもやれるのだが、他の人に任せている、そんな感じです。〝他人を信用しない〟のとは違います。料理のことも、ホールのことも両方わかっているからこそ、人を雇い任せた時に的確な指示ができたり、よりよい提案ができると思うからです。

夢を叶えた！
繁盛店の例１

「どうしてもやりたい!」という情熱から開業

店と移動販売で福島県に“広島焼き”を広めたい！

ＪＲ「福島駅」から車で10分ほどの裏道に、本場広島焼きの店「お好み焼きかっちゃん」があります。広島出身の井上和弘さんが脱サラして開いた店です。

井上さんは10年ほど前、結婚を機に奥さんの実家がある福島へ移り住み、サラリーマンをしていました。

ある時、無性に広島の味が食べたくなって、福島のお好み焼き屋に行って「広島風お好み焼き」を注文したところ、出てくるものは広島出身の井上さんからすると、「本場のものとはほど遠いものだった」と言います。「それなら、俺が本場のお好み焼きを焼こう！」と、奥さんを説得して「二人で、お好み焼き屋を開きたい」と、両親に相談しました。

●お好み焼きを食べる習慣がなかった

「まぁ大反対ですよね。ボロカスに言われました。福島には、お好み焼きを食べる習慣がほとんどないですから」。ましてや「広島焼きの店」となったら……。

しかし、井上さん夫妻はくじけませんでした。お互いの両親を納得させるために思いついたのが、少ない資金で開業できる移動販売です。「広島焼きの店」が成り立つ需要があるか、まずは移動販売で確かめてから、店を持つことにしました。井上さんは会社を辞め、ツテを頼って広島の超有名店で修行するために単身広島へ戻ります。奥さんは福島で、移動販売の準備にかかりました。

素人の手探りでしたが、広島のお父さんに車の改造を手伝ってもらい、なんとか広島焼き用の移動販売車を完成させます。福島に戻った井上さんは、スーパーやホームセンターを回り、移動販売をやらせてくれるように頼みますが、門前払いの日々が続きます。しばらくして、やっと地元の老舗スーパーが販売させてくれることになりました。

冬の寒さに負けず、夏は熱中症になりかけながら、奥さんと二人で移動販売を続けるうちに、少しずつお客さんが増えて、1年後には待望の路面店「お好み焼きかっちゃん」を開きます。「やはり、できたても食べてほしい」から、夢を叶える店の開業です。

木造りが懐かしさを感じさせる

福島県初の本格的な広島焼の店を開いた井上さんご夫妻

本場広島お好み焼
かっちゃん

お好み焼き かっちゃん

住所／福島県福島市南中央１丁目 76-1
最寄り駅／ＪＲ「福島駅」
席数／ 50 席

2章

繁盛店をつくるための開業の鉄則

飲食店を開業し、繁盛するための鉄則があります。２章では、そのためにやることを具体的にわかりやすく書いています。

鉄則とは、基本となる絶対的な法則のことです。開業に際して、繁盛するための根幹の部分さえ理解していれば、そこから先のアレンジ、味つけはあなたの自由です。

飲食店繁盛の基本方程式

飲食店を繁盛させるには、「方程式」とも言うべきものがあります。キーワードは四つ。その四つの項目に、小学校の通信簿のように、非常に優れているは5、優れているは4。普通は3、やや劣るは2、劣るは1、と点数をつけてかけ算をして合計を出します。合計点のトータルが高ければ高いほど繁盛店になる、というわけです。

①商品力

商品力とは、商品そのものが持つ力のことです。まずは、「味」。飲食店ですから、飲み物、食べ物の味がよくなければ話になりません。「美味しいかどうか」です。

美味しいという言葉は、本当によくできていると思います。そう、「味」という言葉と「美」という言葉が合わさって「美味しい」という言葉ができているのです。「美味しい」とは味だけでなく、美しさを兼ね備えていなければなりません。その商品の、見た目はどうなのか？　盛りつけは？　器や皿は？　色は？　といった視覚的な部分にも意識がまわっているか？　が問われます。

他にも、旬や流行をとらえているか、独創性や魅力的な目玉商品はあるか、商品ネーミングにインパクトがあるかなど、商品としての力がどれくらいあるのかが問われます。

②雰囲気

雰囲気を辞書で引くと「その場やそこにいる人たちが自然につくり出している気分。また、ある人が周囲に感じさせる特別な気分。ムード」とあります。今イチ、意味がわからないので、今度は「ムード」を調べると「雰囲気のこと」と出てきます。わかったようでわからない言葉が、雰囲気という言葉ですね。それでも私達は、「雰囲気がよい」とか、「あの人は雰囲気がある」とか、雰囲気という言葉をよく使います。ここで言う雰囲気とは、「非日常感の演出や、テーマ性のある内外装になっているか」などを指します。非日常感とは読んで字のごとく、日常では手に入らない普段と違うスペースがそこにあるか？　ということです。

③接客

接客が悪ければ、お客さんは来ない、つまり繁盛店にはなれません。「繁盛するかどうかは、人ですべて決まる」と言う人が、繁盛店の店主のなかにたくさんいます。

繁盛店の方程式

■繁盛店づくりを、4つのキーワードから評価採点する。

商品力
味・おいしさ、
他にない、独創的
見ため、ボリューム
バランス、目玉商品はあるか
五感を喜ばせてくれる
（匂い・彩り・歯ごたえ
味・調理の音）

雰意気（雰囲気・接客）

雰囲気
清潔感がベース
異空間・非日常感
演出・テーマ性
内外装、照明、音
すべての物
（従業員、客が創る）

接客
明るい、元気、和む
心配り・気がきく
スタッフに目的意識が
ある。リーダーシップ
（人肌ビジネス）

割安感
前の3項目との
バランスから決まって
くる。店にいる時、
精算の時「得」した
気持ちになるかどうか。

■5段階評価で「3」は、ふつう。「5」は非常にすぐれている。

昔

5 ＋ 1 ＋ 1 ＋ 5 ＝ 12
商品力 ＋ 雰囲気 ＋ 接客 ＋ 割安感 ＝

3 ＋ 3 ＋ 3 ＋ 3 ＝ 12
商品力 ＋ 雰囲気 ＋ 接客 ＋ 割安感 ＝

同じ

↓

利用者が雰囲気や接客を高いレベルで求めるようになったことで、
足し算から、かけ算の時代になった。
全体的にレベルアップした結果、すべての要素が連動してきた

今

5 × 1 × 1 × 5 ＝ 25
商品力 × 雰囲気 × 接客 × 割安感 ＝

3 × 3 × 3 × 3 ＝ 81
商品力 × 雰囲気 × 接客 × 割安感 ＝

同じ評価でも
大きな差が出る。

5 × 5 × 0 × 5 ＝ 0

●かけ算の時代は、いくら他の項目が満点でも、ひとつでも「0」があると、トータルは0になる。
●すべてが「5点満点」を目指すと、高級店になる。カジュアル化の時代には狙う必要がないし、
　難しい。個人とか小規模事業者の私達が目指す、目標ではない。

3 × 5 × 3 × 3 ＝ 135 **また来たい！**

●一分野だけでも、満点の5があると繁盛店になる。ただし満点以外の分野でも、「3点」の及第点
　になっていることが必要。
●その「一分野だけでも、満点になっている」の部分から、個性とか特長とかが生まれる。
●個性とか特長があなたの店を選ばせる理由になり、わざわざお客様が来てくれる理由となる。

④割安感

割安感は、前の3項目（商品力・雰囲気・接客）とのバランスから点数が決まってきます。店にいる時やお金を払う精算の時、お客さんが「得」した気持ちになるかどうかがポイントです。割安感とは、お客さんが支払ったお金に対しての満足感の表われとも言えます。

繁盛店になるためには、お客さんが帰る時に、必ず満足して帰ってもらう必要があります。満足しているから「また来よう！」と思う。この「また来よう！」と思ってもらうことこそ、繁盛店になる必須条件なのです。

この四つのキーワードからお店を見ていくと、どうすれば繁盛店になれるかがわかりやすいのです。

認知されなければ存在しないのと同じ

「認知されなければ存在しないのと同じ」、この言葉を聞いた時の衝撃がいつまで経っても忘れられません。この、当たり前のことを意識せずに店をつくってきたことに愕然としたのです。

お客さんが認知する場所に出店するからこそ、「外観を昔風にしよう」とか「看板を目立つようにしよう」と考えるのであって、認知されないのであれば、これらを考えても無意味です。**「素晴らしい外観デザイン」であったとしても、認知されないのなら意味がありません。**

店の外観だけではありません。「表通りの店より、ウチの店のほうが美味しいし、安い。接客だって負けていないのに、何であっちの店は繁盛して、ウチの店は繁盛しないのか？」と、相談に来る方がいますが、認知度を抜きにこの会話をしても意味がないのです。

思わず興味をひかれるインパクトのある外観

「ウチの店はとっても美味しい料理を出せる」というのは、食べた人がいて初めて成り立つ会話です。「ウチの店はサービスが最高によい」というのも、お店がお客さんに認知されて、サービスを体験したお客さんがいて初めて成り立つ会話なのです。

●認知され、お客さんが店に入ってきてから、すべては始まる

「隠れ家レストランをやりたいので、路地裏のわかりにくいところで店を出したい」と言う方がいます。格好いいですよね、隠れ家レストラン。数年前にパシオがお手伝いした隠れ家和食ダイニングは、実際に路地裏のわかりづらいところに出店して、1年半ほど〝隠れて〟いました。お客さんが

来なかったのです。

当然ですね、〝隠れ家〟ですから。店の前を通る人が少なければ、認知されるまでに時間がかかります。

後述するように、認知度の低い隠れ家飲食店をやる場合は、少ない人数でも商売が成り立つ、客単価の高い業種・業態である必要があります。路地裏の大繁盛ラーメン店などという例はありません。隠れ家飲食店は、少ない客数で成り立つ客単価が欲しいのです。

よく、隠れ家レストラン特集というタイトルの雑誌や書籍を目にしますが、コンビニなどの目立つ場所に本を並べられたら、隠れ家でなくなってしまいます。人知れず、時間はかかるけども口コミで認知されてゆく、〝隠れ家〟にはそんなイメージがあると思います。

「場力《ばりき》」が繁盛の鍵を握る

詳しくは4章でお伝えしますが、飲食店の繁盛を左右するのは〝場力〟*です。

私はこれまで、家賃の安い場所で開業し、失敗した例を数多く見てきました。家賃の安い所を見つけて開店し、鬼の首でも取ったように「私の店は、こんなに家賃が安いんです！」と自慢する人がいますが、家賃相応の〝場力〟である場合が多いのです。

1996年に拙著『路地裏の超繁盛店』（明日香出版社）を書いた時代は、まだ不動産会社や大家さん側に飲食店立地の知識や相場情報が少なく、好立地なのに家賃が安い「掘り出し物」物件が数多く出回っていました。しかし、IT時代の今では、不動産の情報が手に入りやすくなり、家賃と〝場力〟が比例するようになりました。つまり、**家賃と場力はほぼ比例している**と思って間違いありません。坪あたり家賃が高いほど、場力のある物件の可能性が高いのです。もちろん、開業予算には上限があります。結果として予算に合わせるため、店舗坪数を狭くして、開業計画を立てることも多いのです。

開業後すぐに経営に行き詰まる原因は〝場力〟にある

〝場力〟とは、**あなたの店の業種・業態にとってお客さんの来やすい場所、認知されやすい場所かどうかということ**です。客単価が低く客数がたくさん必要な業種・業態の回転型の店（たとえばラーメン店）が繁盛するためには、毎日何百人といった、たくさんの人に来てもらう必要がありますから、認知されやすい場所に店を開いたほうがよく、店前交通量に一定以上のボリュームが必要になります。

仮に、認知されにくい場所で開いた場合は、繁盛に必要なお客さんの数が来るまで時間がかかることや、広告宣伝費がかかることを知っていなければなりません。

逆に、客単価が高く客数が少なくても売上げをつくれる業種・業態の店（たとえば、和牛焼き肉店）は、人があまり通らないような認知度の低い路地裏・隠れ家が似合っています。

つまり、業種・業態に合わせた繁盛する条件を満たした場所に店を出すだけです。しかし、客単価が低く客数がたくさん必要なラーメン店なのに、人通りのまばらな路地裏に店を出したりする人が跡を絶たないのです（ブランド力のある店の「のれん分け」などの例外はある）。

不況時の利点は、場力のある店舗物件が出やすいことです。不況時なら数多く出回る好物件から、業種・業態に合ったものを選ぶことができます。

場力≠店前交通量

	客単価	客数	立地に求められること
回転型の店（ラーメン店など）	低	多	認知されやすさ
滞在型の店（和食店など）	高	少	風情 雰囲気

業種・業態によって繁盛立地が異なる

●家賃0円は、場力も0円かもしれない

自宅を改装して店にするとか、持っている物件や土地があるのでそこで店を開くというケースがあります。家賃0円の物件です。

もちろん例外はありますが、家賃相応の〝場力〟である場合が多いのです。家賃0円＝場力0。つまり、店舗としては使いものにならない立地の物件が多いのです。家賃がないのはありがたいのですが、繁盛とは無関係です。そこが自宅であろうが、住居兼であろうが〝場力〟が高くなければ店を開くに値しません。お金を稼ぎ出すビジネスとして、その場所がふさわしいかを客観的に判断する必要があります。

＊場力＝パシオの造語

店舗コンセプトを固めて、視覚化する

飲食店は今、どの業種・業態もオーバーストア状態です。そんななかでお客さんに自分の店を選んでもらうには、**他店との違いをハッキリさせる〝店舗コンセプト〟**がますます重要になってきました。ましてや、繁盛店になろうとするわけですから、「ウチの店は、こんな点が他の店と違うんですよ」と言えるところが、いくつも必要になります。

●店舗コンセプトとは「店の特長、個性」のこと

店舗コンセプトとは「**店の特長、個性**」と、置き換えるとわかりやすいと思います。「あなたの店は、どんな特長があるんですか？　どういったところが個性なんですか？」といった問いに、ハッキリと答えられるようになっていなければならないのです。

「ウチの店は、地元栃木で育ったブランド豚をその日のうちに仕入れて、生でも出せるような鮮度抜群の『焼とん』が特長です」「毎日、築地から仕入れた魚や貝類を、テーブル

上の七輪でお客様自身が焼いて食べる『浜焼き』を楽しんでもらう店なんですよ」といった具合です。

●あなたのこだわりが、店舗コンセプトのもとになる

店舗コンセプトは、あなたがこだわっていることをもとに考えていきます。「こんな店にしたい」「ここは他の店とは違うんだ」といった、こだわりの部分です。

こだわりは、あなたが持つ固有の強みと経営者のポリシーの、二つの方向から考えると、導き出しやすくなります。

「固有の強み」とは、あなた自身や店で働く人、協力者が持っている経験や技術、ネットワークなど、「他の店では真似のできないこと」です。

「経営者のポリシー」とは、あなたがここだけは譲れないと思っていること。たとえば「心配りが行き届いた店にしたい」とか、「原価が高くても、有機農法の野菜を絶対に使う」といったことです（44ページ「店舗コンセプトの決め方」参照）。

●店舗コンセプトは、視覚情報に置き換える

店舗コンセプトは、単に考えて終わるのではなく、それをお客さんに「認知させる」必

店舗コンセプトの決め方

コンセプトとは、店の特長・個性のことです。どんな「こだわり」を持って店づくりをするのか。どんな「固有の強み」があるのかを明確にします。

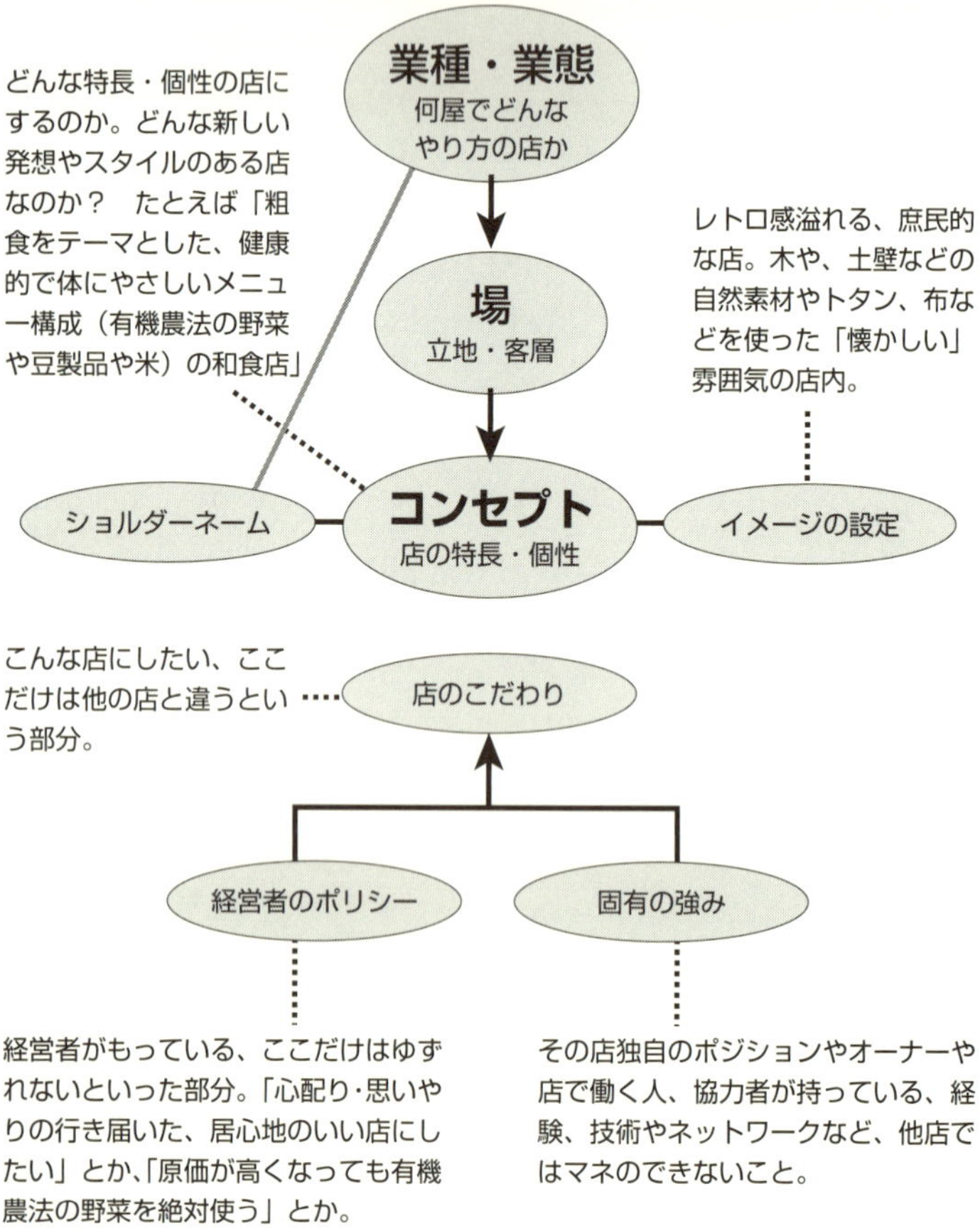
業種・業態
何屋でどんなやり方の店か
場
立地・客層
コンセプト
店の特長・個性
ショルダーネーム
イメージの設定
どんな特長・個性の店にするのか。どんな新しい発想やスタイルのある店なのか？　たとえば「粗食をテーマとした、健康的で体にやさしいメニュー構成（有機農法の野菜や豆製品や米）の和食店」
レトロ感溢れる、庶民的な店。木や、土壁などの自然素材やトタン、布などを使った「懐かしい」雰囲気の店内。
店のこだわり
こんな店にしたい、ここだけは他の店と違うという部分。
経営者のポリシー
固有の強み
経営者がもっている、ここだけはゆずれないといった部分。「心配り・思いやりの行き届いた、居心地のいい店にしたい」とか、「原価が高くなっても有機農法の野菜を絶対使う」とか。
その店独自のポジションやオーナーや店で働く人、協力者が持っている、経験、技術やネットワークなど、他店ではマネのできないこと。

店舗コンセプトは、"視覚情報"に置き換えてお客さんに伝える。

店舗コンセプトを視覚化する

■出店する場所では「どんな人(客層)」が「どんな使い方」の店を求めているのか？を確認します。そしてその場所は何日営業(土・日も)できる可能性があるのかを明確にすること。

エリア特性　ターゲット設定

■コンセプトは、店の場所・ターゲットに対して、どんな個性・特長を持つかによって決定します。固有の強みや、開業者のこだわりがその基となります。

コンセプト
店の特長・個性
― イメージの設定
― 店の雰囲気

■コンセプト(個性・特長、固有の強み・こだわり)も、お客さんに伝わらなければ意味がありません。そのためには、**視覚情報**に置き換えることが必要になります。

目に見えるものに置き換える

■そのために、店名、ショルダーネーム、シンボルマーク、ロゴ、カラー、店のカードなどの小物類、外観、内装、看板、メニューアイテムのネーミングやメニュー内容などが必要。

↓

▼店名・ショルダーネーム・商品のネーミング

●ショルダーネーム ―――― **中華麺屋**
●店名 ―――― **たのしや**
(店の雰囲気をストレートに表現)
●商品ネーミング例 ―――― **麻婆辛タンメン**
(マボカラ)

▼シンボルマーク・ロゴ・カラー

中華麺屋
たのしや

▼外観／看板演出例

▼店の看板

要があります。そのためには、店舗コンセプトをいかに視覚情報に置き換えるかが重要になります（45ページ「店舗コンセプトを視覚化する」参照）。

なぜなら、人が受け取る情報は、ほとんど視覚を通してもたらされると言われているからです。

視覚化するとは、店舗コンセプトをもとに店名を考え、ショルダーネーム（店名の前につける「肩書き」。業種・業態あるいは店の特徴などをひと言で表わす言葉。パシオの造語）を決め、マーク・ロゴタイプをつくる、といったことです。

店のカードなどの小物から、メニューブックへの表示や商品名、大型の看板への表示まで、すべてを目から伝えるための道具としてとらえ、店舗コンセプトを認知してもらうのです。店の外観や内装も同様に、店舗コンセプトを伝えるための道具としてデザインします。

繁盛店は「家ではできないことが手に入る」

なぜ人は外食するのか？　それは、「家ではできないこと、手に入らないもの」が店では手に入るからです。繁盛店になるためには**「家ではできないもの、手に入らないもの」を、店でいかに提供するか**が鍵になってきます。

それは、炭火で秋刀魚を焼くことであったり、直径60㎝の寸胴でスープを炊くことであったり、薪釜でご飯を炊くことなど、物理的に家でできないことであったり、あるいは元気いっぱいのスタッフが「いらっしゃいませ！」と満面の笑顔で出迎えてくれることや、「ありがとうございます」と感謝のシャワーを浴びせてくれる、精神的なことの場合もあります（「満面の笑顔でお出迎え」は、家庭では手に入らないものになってしまった！　これは、私の家だけだろうか？）。

●ワンルームでは、魚は焼けない！

内食（家で食事をつくって食べること）用に電気で焼く焼肉プレートが流行ると、外食では炭火の焼肉屋が流行ります。「煙を出す」という、家ではできないことが際立ってきて、外食に求められるからです。

私は東京の下町生まれですが、思えば、小さい頃は家の前の路地で七輪に秋刀魚を乗せて、炭火で煙をモウモウさせながら焼いていました。休みの日の早朝には、近所の子供達が集まって空き地のドラム缶で焚き火をして、その中にサツマイモを投げ込んで、焼き芋をつくっていました。今、そんなことをしたら、すぐ警察に通報されてしまいそうです。

最近では、新規着工の個人住宅の1割が、ガス設備のないオール電化になっていて、新築マンションなどでは、ガスが設備されていないものが増えています。安全上や管理上に有利な点があるのでしょう、この傾向は続きそうです。家庭では七輪で魚を焼くことが難しくなったように、「昔は家でもガスが使えたから、焼き魚が美味しかったよ」なんて会話が、冗談ではなく交わされそうです。

私は、ワンルームマンションに暮らしていたことがありますが、寝室兼居間のすぐ隣が台所で、焼き魚などやったら臭いが部屋中に充満して、とんでもない状況になってしまいます。煙が出るものは、とてもマンションでは焼けません。

●家ではできないことが何なのかをまず考える

家では魚が焼けないから、外食で焼き魚が食べたくなる。だから石井誠二さん[*]が経営する「ひもの屋」が繁盛するし、七輪で焼く「牛角」などの焼き肉屋が繁盛したのです。ラーメンもスーパーなどで売っている生食ラーメンなどは、相当スープが美味しい。でもなぜラーメン店がこんなに流行るかというと、大量の水を使った茹で麺機で強火で茹で上げた麺の味や、大きな寸胴で炊き上げたスープを、できたてのうちに食べることが家ではできないからです。炭火の焼きたての焼き鳥を食べたかったら、外食するしかないのです。

家ではできないこと。これが外食店が繁盛するためのキーワードなのです。

＊石井誠二さん＝八百八町 代表取締役CEO　1942年東京都生まれ。73年、30歳のとき、居酒屋「つぼ八」を札幌で創業。その後、急速に業績を伸ばし400店舗、売上高500億円を達成し居酒屋ブームを巻き起こすが、87年に社長を退任。89年、八百八町を創業。現在、「八百八町」「ひもの屋」「肉屋の正直な食堂」など5業態87店舗を、東京を中心に展開。

繁盛店は「お客さんの立場になって考える」

ＰＯＰ広告という言葉があります。「Point of Purchase 広告」という言葉の略です。この言葉は、スーパーマーケットなど流通業界でよく使う言葉です。

私の初めての勤め先はスーパーマーケットのＳＰ広告の仕事をする会社でしたので、このＰＯＰという言葉は非常に身近なものでした。

実は、このＰＯＰとはスゴい意味を秘めた言葉です。直訳すると「購買時点」という意味になります。セルフサービスというやり方がアメリカから日本に入ってきて、主にスーパーマーケットで普及していった時に、一緒に日本でも広まっていきました。

スーパーマーケットなどで商品が置いてある場所は「売り場」と呼ばれます。つまり店（あるいはメーカー）が、商品を売るための場所のことです。昔は、店内広告の呼び名も、「ＰＯＳ（Point of Sale）＝販売時点広告」という言葉しかありませんでした。言葉は考え方を映し出す鏡ですから、ＰＯＰという言葉がなかった時代は、「購買時点」という見方がなかったのだと思います。つまり、いつも売る側の視点しかなかったのです。そこに初めて**「買う側」の視点**を持ち込んだのが、ＰＯＰ広告＝購買時点広告だったのです。

●ＰＯＰという考え方は、繁盛のコツそのもの

ＰＯＰ広告が広まって、「どう書いてあったらお客さんが買いやすいのか？」とか、「お客さんの欲しい情報はなんなのか？」といった視点が生まれました。そこから、売るための場所「売り場」が、買う側の場所「買い場」へと変わっていったのです。当然のことながら、お客さんにとって買いやすい店が繁盛したので、さらにＰＯＰ広告が広まっていきました。

そして今でも、流通業界ではＰＯＰ広告およびその考え方は、当たり前のこととして進化し続けています。売り場から買い場への転換が、「買う側の立場になって考える」そして「お客さんの立場になって発想する」という考え方につながっていきました。

●食べる側、飲む側、お客の側に立って考える

飲食業界では、「お客さんの立場になって考える」ということが、スーパーマーケット

業界などに比べると遅れているような気がします。この10年ほどで、ずいぶん様変わりしたものの、「料理が美味しければ、他はどうでもいい」「量が多くて、安ければいい」といった、昔ながらの売る側の視点だけの店がまだまだ見受けられます。

ところが、近年増えつつあるオープンキッチンの店ならば、厨房は丸見えです。食べる側に立てば、厨房内の清潔度が徹底的に求められます。まな板の上に汚い雑巾が乗っていたら、それだけで食欲が落ちます。化学洗剤が鍋や寸胴などの調理器具のそばにあるだけで、「入ってしまわないか」と心配になるのです。

実は、お客さんは注文した料理や飲み物が出るまでの間、暇を持て余しているので、厨房のなかはもちろん、スタッフの服装からしゃべっている内容や表情までもチェックしているのです。このことは、あなたがお客さんの立場になってカウンターやテーブルに1時間も座っていれば実感できることでしょう。

シングル化に対応する

デフレになり、外食費を抑えるために、内食が増えていますが、私は今後もこの傾向が続くとは思っていません。理由は、「世帯あたりの人数」にあります。

平成17年度の全国平均でも、一人暮らし世帯が約30％に近づき、二人世帯を含めると50％を超え、三人世帯までだと70％以上になります（世帯当たりの人数が少なくなる傾向は、年を追うごとに強まっています）。東京都などの都市部では、一人世帯・二人世帯の占める割合はさらに高まっています。

●現代の家族（ファミリー）とは二人・三人世帯

ここからは、私の予測も交えてお伝えします。

二人暮らしの典型的な構成は、夫婦二人とも働いている共稼ぎです。共稼ぎの人はそれぞれ一人で行動をとることが多いので、一人＋一人で、その「食」行動は、一人暮らしの人とほぼ同じと考えられます。三人暮らしの典型的な家族構成は、ご夫婦＋小さな子供一人の組み合わせ。この場合も、子供を幼稚園や保育施設などに預けて二人とも働いている（共稼ぎ）場合が多いので、「食」行動は一人暮らしの人とほぼ同じになると考えられます。三人暮らしも一人暮らしの集合体であり、その「食」行動は同じです。

つまり、**一人〜三人暮らしまでの70％以上の大多数が、一人行動をとる人と考えられます。**一人行動を基準に考えないと〝家族〟の行動パターンも見えてきません。

ファミリーレストランの代名詞であった「すかいらーく」がなくなったのも必然でしょう。六人掛け、八人掛けのテーブルなど、大家族を前提とした店づくりで一時代を築いたと思うのですが、今のファミリーは二人、三人です。同じ店づくりやコンセプトで、店が成り立つわけがありません。

●一人暮らしの人の「食」行動をベースとして、外食を考える

いわば、ひと昔前には当たり前だった、一家団欒、家族で食事という状況には戻らないのです。なにしろ、専業主婦がいないのですから。共稼ぎの世帯に「毎日材料を買ってきて調理しろ」と言っても無理があります。世帯の構成状況を見ると、できあいの料理されたものを買って最終調理のみ家でやる「中食」か、外食に頼らざるを得なくなっているの

一般世帯の世帯人員別割合（2005年）

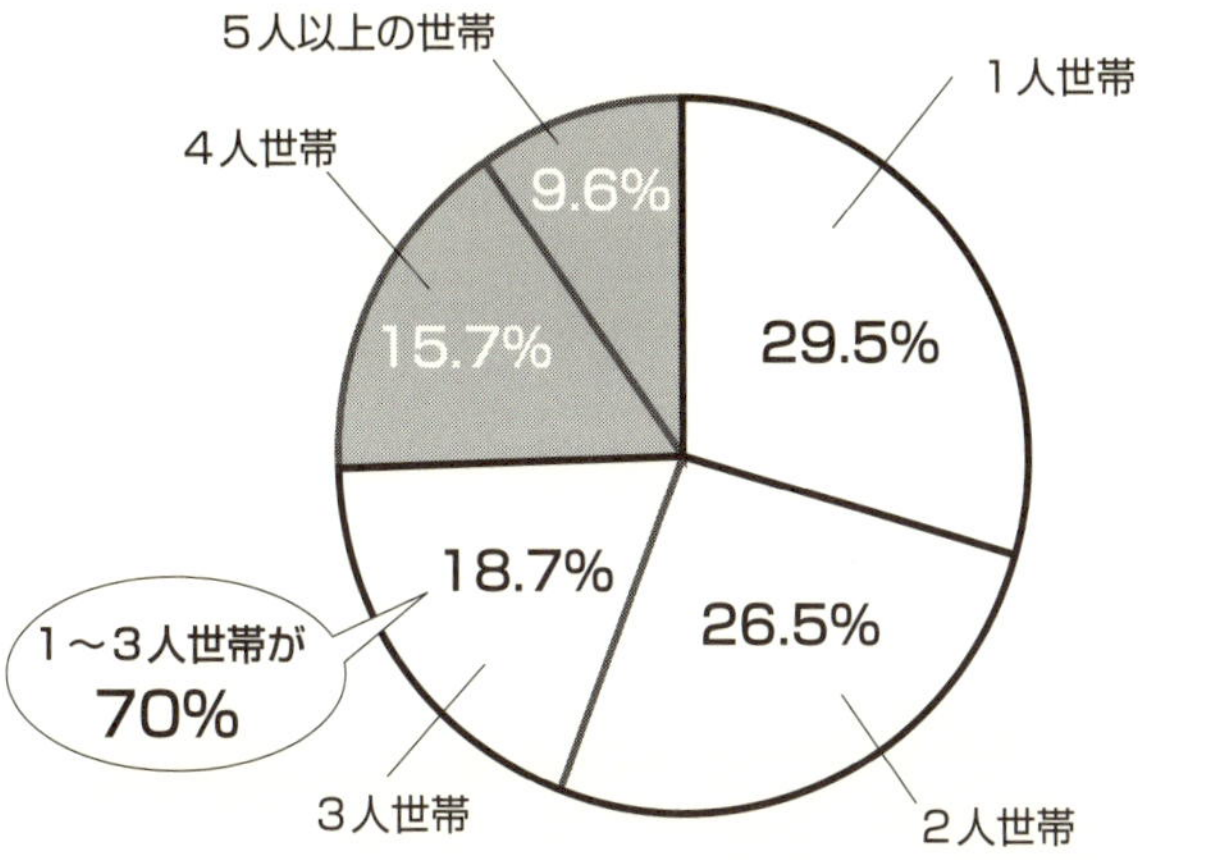

「国勢調査」（総務省統計局）をもとに作成

です。

それに、内食が必ずしも割安とは限りません。デフレで出費を抑えたいと言っても、この世帯構成状況が内食に適さないのです。一人、二人暮らしでは、食材をスーパーで買ってきて調理しても、余らせてしまいがちで、ロスが多くなるからです。

食材を買って調理するほうが一見経済的に思いますが、冷静に数字をはじくと、外食をうまく取り入れるほうが経済的、という家庭も多いはずです。それも、すべて少子化や核家族化による〝シングル化〟が生み出したものなのです。

＊シングル化＝ここで言う「シングル化」とは一人世帯が増えたこと、二人世帯、三人世帯も一人世帯の人と同じような行動をとることを指す。

人口の3分の1、40～64歳をターゲットにする

次ページの、「年齢あたりの日本の人口」を見てもらうとわかると思いますが、**人口の約3分の1にあたる4290万人が、40～64歳**です。中高年層が、大きなボリュームとして存在していることは一目瞭然です。ロードサイドに急激に増えている「丸亀製麺」などのうどん店が成功したのは、この中高年層にも受けたからと言えるでしょう。

●「中高年が働き、中高年が行く店」という、新しいビジネスモデル

前項で、一人暮らし世帯が約30％にも上ると書きましたが、人口の高齢化によってお年寄りの一人暮らしも増えており、この30％の中に占める率も高まっています。

丸亀製麺の場合、お客だけでなく、従業員にも中高年の方が多いのが特徴です。従業員と年齢が近いほうがお客にとって行きやすいから、「中高年が働き、中高年が行く店」という、飲食業界の中でも新しいビジネスモデルをつくり上げたのかもしれません。

年齢あたりの日本の人口

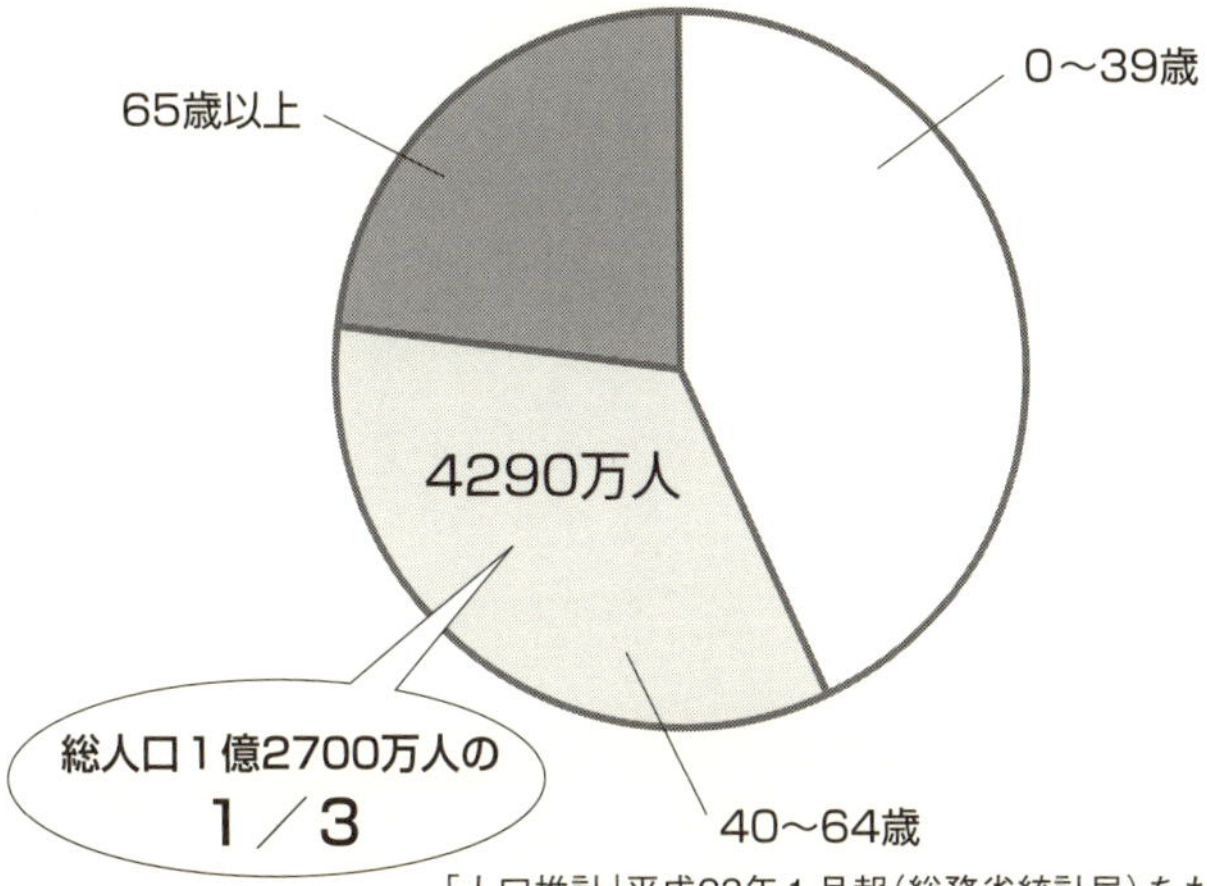

「人口推計」平成23年1月報（総務省統計局）をもとに作成

少子高齢化が言われて久しいのですが、飲食業界で本格的に高齢化に対応しているチェーンは、この会社くらいしか思いつきません。飲食店は、活動量の多い若者を狙うのが当然と考えられていたからです。

だからと言って、デフレ経済の中でも快調に店舗展開する「丸亀製麺」を真似て、デフレ＝低価格＝うどんと単純に考えてうどん店をやると、痛い目を見ることになりそうです。**中高年が働き、中高年が行く店**という、飲食業界の新しいビジネスモデルを理解して店づくりをする必要があります。

●〝中高年＝あっさり〟とは限らない

私自身も、50才を超えましたが、特別食が細くなっていませんし、人が言うほどこってりしたものが嫌いになって、あっさりしたものに好みが変わったわけではありません。ラーメンに関して言えば、背脂がどっさり乗った「ラーメン二郎」系は、しんどいと思う時があるものの、食べなくなったわけではありません（たまに、無性に食べたくなります）。

何が言いたいかというと、**大きなボリュームとして存在している40～64才の中高年層が、一様にあっさりしたものが好きだとは限らない**ということです。

ここまで大きなマーケットになってくると、中高年層を細分化してターゲット設定する必要が出てきます。具体的に言うと、「40～64才の中高年で、ガッツリと食べたい人のためのつけ麺屋」とか、「健康を気にし出した、中高年のためのダイエットを考えた居酒屋」といったように、中高年の中の〝こんな人達〟という絞り込んだターゲット設定の店が面白いと思うのです。

何しろ、4000万人を超えるボリュームがあるのですから、「中高年だから、量は少なめであっさりした魚の店」などと考えるには、巨大すぎるマーケットなのです。

飲食店はスーパーなどに比べ、限られた少ない人達が利用する店なので、こういった絞り込んだターゲット設定が可能になり、個性的な店が繁盛できるのです。

小さな店こそ、リーダーシップが重要

店を開業し繁盛店をつくり上げ、短期間に店を何店舗も出す人もいれば、一店舗をなかなか繁盛店にできない人がいます。どちらの方も、しっかりとした考え方や技術を同じように持っていたとしても、しばらく商売を続けるうちにだんだんと差が開いていきます。なぜその差が生まれるのでしょうか？　それは人を動かす力、つまり、「リーダーシップの有無」に原因があることが多いようです。

●繁盛店とは、人と人との触れ合いの中から生まれる

なぜ、リーダーシップの有無が、繁盛する人としない人の差になってくるかというと、それは、商売というのは人と人とが触れ合って、すべてが決まってくるからだと思います。一人で店をやっていてオーナー自身がすべての接客、料理をこなし対応しているのであれば、すべての結果はあなた自身の接し方で決まります。しかし、ほとんどの場合、自分

以外の他の人（それが、家族親戚友人なども含め）が、お客さんと接するようになります。その時に、あなたの思う通りに他の人はなかなか動いてくれません。

一方、お客さんからすれば、自分に対応した人が店のすべてです。電話で場所を問い合わせた時、しっかりした説明がなければ「なんてだらしないんだ、この店は？」となってしまいます。料理が遅く出てきたのにひと言のお詫びもなければ「なんて失礼なんだ、この店は？」となります。つまり、あなた以外の人がやったこともすべてが店のやったことになるのです。当然ですよね。

●考え方に同意して動いてくれる人をつくり出す「リーダーシップ」が必要

あなたが「最高の心配りの店」をつくりたければ、そのことをスタッフ全員に徹底させなければなりません。やり方は少々違っていても、あなたの考え方ややり方に同意して動いてくれる人達をつくり出す「リーダーシップ」が必要なのです。

しっかりとした考え方を持ち、技術を持っていても繁盛店をつくれない人には、俗に言う「いい人」が多いようです。

思っていることを人に言えない。自分の考え方を伝えることができない。この差が繁盛店をつくれる人と、そうでない人との結果となって表われてきます。

夢を叶えた！
繁盛店の例２

小さいからこそ、キラリと光る店で開業

６坪の狭小店で焼鳥屋

●6坪でも、ちゃんと居心地のよい店

東京の国分寺市駅南口を出て1分ほど歩いた路地裏に、６坪の焼鳥屋「備長炭串屋跳兎（ちょと）」があります。

店名は、卯年のオーナー杉本淳一さんが、夢を叶えて独立するにあたり「自分の干支に引っかけて飛び跳ねる兎をイメージ」して命名されました。「ちょっと」と呼ぶ人もいますが、６坪の小さな店ですからピッタリしていると思います。

物件を見つけてきた杉本さんに、「場所は気に入っているんだけど、６坪で店になりますか？」と聞かれました。「６坪しかなくて店になるのか？」と思う人もいるかもしれませんが、ちゃんと店になります。

この店が、私がプロデュースしたイートイ

ンの店では一番小さな店となりました。カウンター8席にプラスして、テーブル席までである全12席のお洒落な焼鳥屋です。

●職歴がちょっとしたところで顔を出す

杉本さんは開業前、有名ホテルの飲食部門でホール担当として働いていました。アメリカのロサンジェルスのホテル内レストランでも働いていた時期があったそうです。食種はフランス料理店で、今の焼鳥屋とまったく関係ないのが面白いところです。

ただし、跳兎のメニューにはフランス料理店で働いていた片鱗が伺えるものがいくつかあります。本格的なワインの品揃えは、かつての同僚であるソムリエからのアドバイスによるものです。ラムの香草串やカラフルな手づくりピクルスなどのサイドメニューにも、その片鱗が伺えます。

6坪の店ですから当然、厨房も狭いのですが、皿や器を温める本格的なウォーマーが設備されていて、焼き鳥が温められた皿に乗って出されます。サラダは冷蔵庫で冷やした器で提供されます。「温かいものは温かい皿で、冷たいものは冷たい皿で」、有名ホテルのレストランで働いていた、杉本さんらしいこだわりです。

40歳代の杉本さんと同じ世代の人達が懐かしがる歌謡曲がBGMで流れるなか、アルバイトスタッフと二人、今日も真剣な目で焼き台に向かう杉本さんの姿があります。

狭い個人店だからこその距離感が楽しい

もう何十年もそこにあるような佇まいのファサード

備長炭串屋 跳兎

住所／東京都国分寺市南町 3 丁目 18-11 1 F
最寄り駅／ＪＲ国分寺駅
席数／12 席

3章

予算別 繁盛店の開業法

「資金はほとんどないが、飲食店を開業して独立する」という方から、何年もかけて数千万円の貯金をして開業する方もいます。当然のことながら、開業資金の多寡によって、その開業にあたっての注意ポイントは変わります。

3章では、自己資金150万円～ 2,000万円以上までの予算別開業法のポイントをまとめます。

飲食店の開業を広くとらえると、屋台や車を使った「移動販売」や、スーパーマーケットに３坪のコンテナを設置しての「テイクアウトショップ」なども含まれますが、本書では店内に飲食スペースを持つイートインの飲食店を中心に話を進めます。

自己資金と同額が借り入れ可能額の目安

借り入れの基本！　必ず知っておきたいこと

飲食店の開業に際し、自己資金と同額が借り入れ可能金額の目安と思っておけば、まず間違いはありません（担保提供なしの場合です）。**自己資金が300万円であれば、借入金の限度額が300万円、つまり600万円が開業資金**ということになります（もちろん、親族や友人などから協力金や支援金があれば、それも開業資金となります）。

自己資金と同額までが借りられる限度となれば、自己資金の中身が厳しく問われます。

そうなると「自己資金とは何か？」ということをハッキリさせる必要があります。ここでは、独立開業にあたっての「自己資金とは何か？」を、私なりに定義づけます。

「自己資金」とは、①本人が蓄えたお金で、それを証明できるもの。②本人名義の、すぐに換金可能な株券、貯蓄型の生命保険など。③生活を共にする婚姻関係にあるパートナーが蓄えたお金で、それを証明できるもの。※④親族や友人などから、返済する必要のない確約を取れ、それを証明できるお金（④が自己資金とみなされるかは、借り入れ先や制度・種類によっても変わってきます。実際の借り入れの際に、最重要事項として必ず事前確認すること）。

以上が、私が考える飲食店の開業の際、自己資金とみなされるお金の範囲です。

飲食店開業に際して融資が可能な「公共融資機関」というのは、「国民生活金融公庫」つまり、国の融資機関の業務を移管され継承した㈱日本政策金融公庫と、都道府県と市・区単位の融資窓口を指しています。日本政策金融公庫では、限度額1000万円以内の無担保・無保証人で利用できる「新創業融資制度」があり、独立開業の際はこの制度による借り入れがもっとも多く使われています。

●不動産契約をしていないと、公共金融機関の借入れに申し込めない

開業にあたって、もっとも早い段階でお金が借りられる公共金融期間が、日本政策金融公庫なのですが、それでも、開業物件が決まってからの融資申し込みになります。つまり、開業物件を見つけて不動産契約の段階まで進んでいないと、借り入れ申し込みができないのです。言い換えると、驚くべきことに、ほとんどの開業者が、借り入れができるかどうかわからない段階で不動産賃貸契約をしているのです。

自己資金150万円

ティーアップ開業を目指せ！

私は毎月、東京の「テンポス新宿」という厨房リサイクルショップで10年近くミニセミナーをやっています。中古厨房用品の店ということもあり、低価格開業を目指す方が多く、「お金をかけずに店を開く方法は？」とセミナーのたびに聞かれます。「やる気もあるし、経験もある。ただお金がない」と言う方がとても多いのです。

そんな時には、「お金を貯めてから具体的な開業の準備に入りましょう」と話します。そして、短期間にお金を貯めるためにダブルワークしたパン屋さんの話や、トラックの運転手を1年間やって資金をつくった料理人の方の話をすることが多いのです。

自己資金が150万円くらいであれば、同額の150万円が借りられますので、総額300万円の予算となり、看板をつけ替えるだけですぐ営業できるような物件であれば、十分、開業可能な金額です。

●理想の店をつくりたいなら、ティーアップ開業！

資金の少ない人が「理想の店を開くための資金づくりのために開業する」のを「ティーアップ開業」と呼びます。ゴルフのスタート時にティーグランドに立ち、ボールが遠くへ飛ぶようにティーをアップする様になぞらえてのネーミングです。ティーアップするのは、自分の理想の状態でドライバーをかっ飛ばすための準備です。飲食店を開業する場合も一緒で、自分の理想の店をつくってかっ飛ばすための準備として資金を稼ぐのです。

●なんとしても、毎日1万円貯めろ！

居酒屋業界のベテラン経営者の方が、お金のない若い開業者にこう言っています。

「ビルの間にテントを張っただけの店でもいいから、アイデアと体をフルに使ってなんとしても、毎日1万円貯めろ！　1年や2年休まなくていい。1万円×365日＝365万円。これを2年続けろ。そうすれば、730万円の自己資金と、2年間で積み上げた実績と信用がある。それをもとに銀行に交渉してお金を借りれば、2000万級の店を開業させることができる」

条件の悪いなかで毎月30万円を貯金するわけですから、並の苦労ではないと思いますが、自分の理想の店をつくるための貯金ですから、がんばりがいもあるというものです。

自己資金300万円

「そのまま使えそうな居抜き」に特化して物件を探す

物件を借りるためにかかるお金を、「物件取得費」と呼び、保証金（敷金）、不動産紹介手数料、礼金、前家賃、そして造作譲渡料で構成されています（ここで言う〝造作〟とは、店の内外装やエアコンなど設備や厨房機器など、既存店舗で残っているものを指していま す。造作譲渡料とは、その〝造作〟を譲り渡される料金のことです。造作の所有者は、前に店をやっていた方ですので、当然前に店をやっていた方に支払います）。

●各種設備や内装が残っている物件でないと予算が足りない

開業にあたって、もっとも早い段階でお金が借りられる公共金融機関でも、不動産契約の段階まで進んでいないと、融資が申し込めません。不動産契約をする時には、物件取得費がかかりますから、最低でもこの分は自己資金として準備していなければなりません。

自己資金の300万円は主に物件を借りるために使い、借り入れた300万円でその他の開業費用をすべて賄う必要があります。

そうなると、内外装や厨房などの造作が残っている〝そのまま使えそうな居抜き物件〟に特化して物件探しをすることになります。

なぜなら、開業には物件取得費や内外装工事費以外にも「開業諸経費」と呼んでいる費用がかかるからです。レジスターや食器や調理器具や掃除用品などの購入費、看板を新たに製作する費用や、開業に必要な食材の仕入れ費用も、この300万円から捻出する必要があります。

●内外装工事費や厨房機器の購入に使えるお金は100～150万円

この予算で、内外装工事費や厨房機器の購入に使えるお金は100～150万円くらいになります。逆に言うと、この費用で済むような居抜き物件に限定して物件を探さなければなりません。店舗の大きさにもよりますが、この金額でできる工事は限られていて、厨房と客席のレイアウトを変更しなくてもよいこと、給排気や空調、給排水などインフラ部分に工事が必要のない物件になります。

総額600万円とは、あらかじめ各種設備や内外装が残っていて、部分的に手を加えるだけの工事で済む物件であることが条件になる予算なのです。

自己資金500万円 この予算なら、居抜き物件にも条件がある

自己資金が500万円あれば、500万円借りられて、1000万円の総開業費が使えることになります。こうなると、物件選びの選択肢は広がります。

居抜きという条件は残りますが、そのまま使える物件でなくても店を開業できる予算となります。

●部分的に、コストをかけないで済む条件が必要になる

前述の「テンポス新宿」という厨房リサイクルショップでセミナーをやっている関係で、居抜き物件を活用・工夫して安く開業工事をやる事例や、リサイクル品を利用しての低コスト工事も熟知しています。実際に、通常なら坪当たり80万円ほどかかる10坪前後の店を、坪当たり30~40万円の工事費でつくったことも何度かあります。つまり、300万円から400万円を内外装工事にかけた店です。

●その物件が前も飲食店であることが、予算内に収める条件

なぜこの金額で工事費が済んだかと言えば、それらの物件は以前も飲食店で、給排気、給排水設備などのインフラ部分を新規でつくる必要がなかったからです。内装についても、床や壁、カウンターやテーブルや椅子、それに外装の一部をそのまま使えるなど、部分的に「居抜き物件的」な、コストをかけないで済む条件があったのです。

当然のことながら、工事費はその物件の内外装の状況によって大きく変わります。特に、「前に何をやっていた物件か」によって、工事費は大きく変動します。

事務所や駐車場、コンビニや衣料品店や靴屋、布団屋などの物販店だった物件の場合は、飲食店として必要な基本設備（給排気や給排水、ガスや電気の設備などのインフラ工事）を、新規ですべてつくらねばなりません。もちろん、椅子やテーブルも新たにすべて買い揃えなければなりません。

つまり、自己資金５００万円の予算だと「そのまま使える居抜き物件」ではなくてもよいのですが、前も飲食店であることや、厨房と客席の位置関係を変更する必要がないことなど、いくつかの条件が整っている物件の場合に開業できることになります。

自己資金800万円 真っ新な店か？ 居抜きの活用か？ 迷う予算

自己資金800万円なら、金融機関から800万円を借りられますから、総予算は1600万円になります。坪数、デザインや素材、機械などによって工事費は変わるため、大まかな目安ですが、10坪くらいでスケルトンからの内外装工事費は最低でも坪当たり80万円前後かかります。10坪×80万円＝800万円は必要です。さらに厨房設備費で、新品なら200万円ほどかかりますから、総内外装設備工事費で1000万円必要ということになります。つまり総予算が1600万円なら、10坪くらいの小さな店なら一から真っ新な図面を引く店をつくることも可能になります。

そうなると、小さな店で真っ新な図面を引いて店をつくるのか、少し店の規模を広げて居抜き物件を活用するのか迷うところです。飲食店の売上げは席数と連動する面が強く、広めの店でやることは大きな魅力となるからです。

ここで、マイカーを購入する時を考えてみてください。軽自動車の価格で、普通車を買うことはできません。普通車を買うなら中古になります。新品の軽自動車が欲しいのか？中古でもいいから普通車が欲しいのか？ 決めてから販売会社へ行くことでしょう。物件探しの場合も同じです。この予算で、10坪までの物件ならどんな状態のものでもいいのか？ 広めの飲食店の居抜き物件を探すのか？ 決めてから不動会社へ行きます。軽自動車と普通車では、エンジンの馬力や乗れる人数、乗り心地などが違うのと同様に、飲食店の物件は広ければ席数が取れるし、小さければ少ない席数の店になります。どちらが自分の描いている理想の店舗像に近いのか？ ここで慎重に考えていただきたいのが、車は個人の趣味嗜好で、店はビジネス――お金を生み出す手段でもあるということです。小さすぎて席数が稼げず、売上げが確保できなければ意味がありません。

●異業種の物件が選択肢に加わると、グッと探しやすくなる

飲食店の居抜き物件は、商売がうまくいかなくて撤退した場所が多いので、駐車場や事務所、物販などの異業種であった物件にまで選択肢が広がるのは大歓迎です。飲食店としては未知数の場所ですから、繁盛の可能性が非常に高まります。

※スケルトン＝建物を支える構造的な骨組のこと。建物の壁・柱・天井のみを施工し、内装・設備がない状態を指す。

自己資金1000万円 選択肢がグーンと広がる予算

前述したように、開業者が借り入れする時にもっとも利用されている金融機関が、日本政策金融公庫です。その融資制度のなかで、もっとも新規開業者に利用されているのが「新創業融資制度」です。無担保・無保証人の特例措置の融資限度額が1000万円までとなっています（基準金利に、リスクプレミアム1・2％の金利がプラスされます）。

つまり、自己資金が1000万円あれば、1000万円を無担保・無保証人で借り入れることができるのです。1000万円という金額は、そういった意味からもひとつの大きな目標金額になります。

また、開業資金として1000万円という大きな額を用意したことは、お金を貸す側にも信用となって、借り入れ手続きもスムーズにいきます。

●「スタッフを何人使ってやりたいか？」を考える

２０００万円の総開業費だと、真っ新な図面を引く店なら15坪くらいまで。居抜きの併用ならば、20坪の店をやることも可能です。飲食店の座席数は、「坪×２」が目安ですから、20坪×２＝40席だと、個人の方が初めて開くとしてはかなり大きな店も選択肢に入ってきます。業種・業態にもよりますが、40席となると、スタッフが３〜４人は必要です。開業にあたって、何人くらいのスタッフが確保できるのか？　働く人の目途がついているか？ということも、店の規模を選択する際の基準になります。

●希望通りの大きさの物件ではない場合もあるが、優先順位は決めておく

実際には、物件優先ですので、出てきた物件の大きさによって最終判断するのですが、小さめの店なのか、20坪クラスの物件がいいのか、どちらを中心に探すのかを、不動産会社などに伝える必要があります。物件を探すのを手伝う側は、探し求めている条件が具体的であればあるほど探しやすいものです。なぜなら、探している物件が具体的だと、「どこまで違っていてもいいのか」がわかりやすいからです。18坪で探しているとなれば、20坪の物件も許容範囲かな、と想像がしやすいのです。

一番困るのが「どんな条件でもよい」というヤツで、これでは探しようがありません。

物件探しの前に決定条件の優先順位を決め、
不動産会社にも伝えておく！

物件の決定条件の優先順位

例／「らーめんよし丸」栗原義彦さんの場合

❶階数
ラーメン店の開業であり、絶対に１階物件であることにこだわった。
❷場所
ラーメン激戦区を狙っていた。絶対に東京23区内。特に池袋・高田馬場・恵比寿のＪＲ駅近辺のラーメン店が集まっているところを探した。
❸広さ（店舗スペース）
店内で製麺をするために、製麺機スペースを考え14坪以上とした。
❹開業費
自己資金から考えても、開業に際しての借入金の額から考えても、自己資金の２倍である2000万円を最高額とした。
❺席数
12席以上。席はカウンター席だけでよしと考えていた。
❻家賃
個人店として払える家賃は、税込み40万円までと考えた。
❼ターゲット
ボリュームが多い商品なので、大学生や予備校生など若い男性が多くいる場所を狙った。
❽店前の交通量
営業時間当たり平均で、300人以上が店の前を歩いていること。
❾駅からの距離
駅からの距離は、歩いて５分以内。
❿物件の形（形状）
間口が広く、店内で調理をしている姿が外から見える店。

結果的に、栗原さんは東京都新宿区高田馬場（JR 高田馬場駅から５分）の場所に、14.5 坪・14 席、家賃 40 万円の「らーめんよし丸」を開店しました。

自己資金1500万円 ありとあらゆる開業法がプランできる

自己資金が1500万円あれば、日本政策金融公庫から1000万円を無担保・無保証人で借り入れて、総開業費2500万円の予算が組めます。残りの自己資金額500万円をもとに、都道府県の融資制度を利用して、さらに500万円を借り入れることも可能です（都道府県の融資制度は各地で条件が違っていて、飲食店での本格的な勤務経験のない人には貸し付けていない地区もあります）。そうなると、3000万円までの予算が組めるようになります。

●物件取得費にウェートを置くのがベター

開業費でもっとも多くを占めるのが、工事費と物件取得費です。総開業費3000万円まで予算が組めるのなら、物件取得費にウェートを置くことをお勧めします。なぜなら、飲食店は立地業だからです。もっとも安全な開業法は、場所のよいところに店を出すことなのです。飲食店は「場所に投資するビジネス」という側面があると私は思っているので、開業予算に余裕があるなら、よりよい場所への出店をお勧めします（詳しくは4章）。

反対に、場所が悪いのに内外装工事費を必要以上にかけた店は大変です。もし撤退となった時の譲渡金額というのは、その造作の価値で値段が決まるのではなく、場所の価値が高いかどうかで決まるからです。つまり、内外装工事にかけた費用がほとんど無駄になってしまうのです。

●総開業費の1／3を物件取得費が占める

自己資金1500万円のモデルケースは、18坪の物件で1000万円くらいを物件取得費にあて、1600万円で内外装工事をして厨房機械を揃え、残りの金額で開業諸費用を賄うといった感じです。家賃の高い東京都内だと、18坪の物件なら家賃が60万円で敷金／保証金が600万円、礼金・不動産手数料で3ヶ月分180万円、前家賃2ヶ月分で120万円、トータル900万円プラスアルファ、となります。

もちろん、ロードサイドで家賃が安い場所や、地方都市で物件取得費がもっと安い場合があると思います。あくまでこれは、家賃の高い東京都内の一例です。

いずれにしても、物件取得費に予算のウェートを置いて間違いはありません。

自己資金2000万円
自己資金を全額、開業に使う必要はない

自己資金が2000万円以上ある場合は、自己資金のすべてを開業資金に使う必要はありません。自己資金1500万円の時と同じように、日本政策金融公庫から1000万円を無担保・無保証人で借り入れて総開業費2500万円の予算を組むか、都道府県の融資制度を利用してさらに500万円を借り入れて、3000万円までの総予算を組み、500万円の自己資金を残して開業することをお勧めします。

その理由は二つあります。

ひとつ目が、新規開業の時ほど融資制度が充実していて借りやすい時はないからです(日本政策金融公庫の「新創業融資制度」対象者の要件は、「新たに開業される方、または開業して税務申告を二期終えておられない方」なので、必ずしも開業時点に限定されるわけではありませんが)。

二つ目が、自己資金を残しておくという精神的なゆとりを持つためです。

●全額自己資金で開業した店ほど閉めるケースが多い

あくまで私の体験ですが、パシオが関わったお店で、早い段階で店を閉めて撤退した方は、全員が自己資金満額で店を開いた方でした。この方達には「総開業費は、自己資金から1円でも飛び出させたくない」という共通点がありました。

前項でも書きましたが、私はもっとも安全な開業は、よい場所に店を出すことだと思っています。よりよい場所になるのであれば、満額自己資金で開業できる方にも、場合によっては借り入れを勧めることがあります。

しかし、自己資金で開業できるほどにきっちりと準備した方は、借り入れに抵抗感を持つ方がほとんどでした。2000万円以上の自己資金をしっかりとつくった方は、借り入れが嫌いなタイプが多いのかもしれません。

結果から言うと、2000万円以上の自己資金をしっかりとつくった方の中で、1年前後で店を閉めて撤退した方が何人かいました。

●借り入れをすると、ちょっとやそっとで店を閉められない

かたや、1000万円近い借り入れをした方は、店を閉めません。というのも、多額の借り入れをすると、ちょっとやそっとでは店を閉めるわけにはいきません。借入額は、店をやりながらなら返せる金額かもしれませんが、会社勤めの給料では返せる金額ではないからです。何があろうと店を続け、そこから収益を生み出さなければなりません。これが励みになったり、やる気につながっていることが多いのです。毎月、返済しなければならない50万円が、わかりやすい利益目標となったり、ちょっとだけ背伸びした返済額が、新たなチャレンジを生み出す源泉やきっかけになっていることが珍しくないのです。

夢を叶えた！
繁盛店の例３

前職の経験を活かして、差別化して開業

土建屋を廃業してラーメン屋に賭ける

栃木県小山市の旧４号線沿いに「ラーメンどげん屋」はあります。オーナーの亀田浩さんの前職は土建屋さん。最初は店の名前を「どげん屋」とネーミングしようとしたのですが、「せめて点をつけて！」と奥さんの大反対に遭い、「どげん屋」の店名となりました。

亀田さんは公共事業が引き締められ、減るばかりの仕事にいつか見切りをつけ、大好きなラーメン店をやろうと決めていました。

土建屋時代から親しかった、地元の不動産会社に物件探しを依頼して、数ヶ月の間に何十ヶ所も物件を見て、現在の場所にタイ料理店が閉めた後の居抜き物件を見つけました。

工事現場をモチーフにした外観

「自家製面第一」の看板が特長を表わす

●コンセプトは「工事現場の再現」

開業予算が限られていたので、この14坪の居抜き物件をフル活用して、低コストであがるデザイン・設計をパシオに依頼し、工事は土建屋時代からつながりのあった仲間の内装会社に格安でやってもらいました。

店の造りは工事現場風で、外の照明には工事現場で使われるライトがぶら下がっています。この「工事現場を再現する」という店舗デザインコンセプトが、工事費を安くする秘密です。工事現場で使われるような安い材料や器具を使ったとしても、演出だと思ってもらえるからです。

入り口横のプレハブでは、自慢の極太麺を亀田さんが自分で製麺しています。

外の看板には、安全第一ならぬ「自家製

麺第一」と、でっかく書かれています。ユニフォームはダボシャツに鳶の人がはくニッカボッカで、「工事現場のなかで、極太麺の男気のあるドカ盛りラーメンを食べる店」という風情を徹底させています。

地元で飲食業をやっている友人のツテで、開業前に有名ラーメン店に短期間の修行に入らせてもらい、特訓を受けることができました。隣駅の「麺屋穂華」のオーナー野沢さんにはスープやタレのつくり方を、小山市の「虹の麺（にじのいと）」のオーナーさんには自家製麺のやり方を教えてもらいました。いずれも地元の超有名ラーメン店です。

教えてくれた方達より随分と年上の亀田さんですが、その男気のある性格が慕われて、多くの協力者を呼び込んだのです。

売り物の「ドカ盛りつけ麺」は、並盛りでも360g、茹で上げると500gを超える、普通のラーメン屋の2倍の量です。量を聞くとギョッとする人も、実際にはペロッと食べてしまいます。喉ごしのよさにこだわった、自家製麺ならではの特長です。

今は、年中無休で、11時から夜10時まで通し営業しています。「最近、やっと昼には5～6人の方が並んでくれるようになりました」と亀田さんは嬉しそうに話してくれました。

居抜き物件の内装を活かした

店のユニフォームを着た亀田浩さん

ラーメンどげん屋

住所／栃木県小山市若木町 3-20-40
最寄り駅／ＪＲ「小山駅」
席数／17 席

4章

絶対失敗しない繁盛立地の見分け方Q＆A

私は、飲食店が繁盛するかどうかは７割立地で決まると思っています。つまり、この４章は飲食店を開業して繁盛させるためにもっとも重要なことが書かれた章と言えます。

「場力《ばりき》」が繁盛店を決める！

●飲食店とは〝場〟の商売であることを、腹の底から理解する

1997年に刊行した『路地裏の超繁盛店』は、私が初めて書いた本でした。題名の通り、当時〝路地裏＝悪立地〟で超繁盛している店を10軒紹介し、その繁盛要因を解き明かして繁盛法を導き出すという実用書でした。おかげさまでこの本が話題になり、私はそれをきっかけにセミナーや講演などに呼ばれるようになったのです。

本のタイトルの影響で、私が「どんな立地でも繁盛する」と主張しているかのように言われたことがありますが、実際はまったく逆です。

飲食店は立地的な要因が成功の鍵を握る〝場〟の商売だと強烈に思っています。たしかに悪立地で繁盛している店はあります。しかし、一見悪い立地に見えても、詳しく調べてみると、ほとんどの店が場所的になんらかの集客理由、つまり〝場力〟を持っていたのです。

本に書かせていただいた店のうち、現在の新しい立地検証法から見て本当に〝悪〟立地だったのは2店だけだったと今は思っています（そのうちの1店舗である、東京・五反田の「フランクリンアベニュー」は、今も〝超〟のつく繁盛店として老舗の風格を漂わせています）。

●立地に対する研究が進み、店前交通量以外の判断基準がいくつも出てきた

『路地裏の超繁盛店』を書いた当時は、店前交通量しか立地を判断する基準がなかったように思います。それから10数年で、立地に対する研究が進み、店前交通量以外の判断基準がいくつもできて、その新しい基準からすると10店舗のうち8店舗は〝悪〟立地ではなかったのです。

ちなみに、この時本で紹介させていただいた超繁盛店は、今は5軒と半分になっています。半分の店がなくなった理由はさまざまですが、「再開発にかかって移転」「立地条件のよい場所への移転」「チェーン展開に伴っての閉店」などプラスの理由の場合もあれば、「オーナーの引退」「料理長が変わって売上げが落ちた」などの理由で閉店した店もありました。

●〝場〟と〝食種〟の関係を知れば、失敗の確率は限りなく0に近づく

飲食店は立地条件が繁盛店になるかどうかの鍵を握っています。悪立地での繁盛店とい

うのは、多くの場合、その店の業種・業態にとっての好立地が、第三者からは場所が悪く見えるだけで、**繁盛するにはその店なりの場所的要因が必ずと言っていいほどあります。**

つまり、場所にはその場に合った業種・業態や規模、ターゲット設定というものがあり、その場に合わない〝食種〟の店を開いても成功しないということです。場と食種の関係を知れば、失敗の確率は限りなくゼロに近づきます。

この章では、20数年間の飲食店開業プロデュース体験のなかで学んだことをもとに、実践的な立地・物件の判断法を、Q＆A方式でわかりやすく解き明かしています。

料金受取人払郵便

神田支店
承　　認
8823

差出有効期間
平成25年1月
31日まで

郵便はがき

1 0 1 - 8 7 9 6

5 1 1

（受取人）
東京都千代田区
神田神保町1―41

同文舘出版株式会社
愛読者係行

毎度ご愛読をいただき厚く御礼申し上げます。お客様より収集させていただいた個人情報は、出版企画の参考にさせていただきます。厳重に管理し、お客様の承諾を得た範囲を超えて使用いたしません。

図書目録希望　　有　　無

フリガナ お名前		性　別 男・女	年　齢 才
ご住所	〒 TEL　　（　　）　　Eメール		
ご職業	1.会社員　2.団体職員　3.公務員　4.自営　5.自由業　6.教師　7.学生　8.主婦　9.その他（　　）		
勤務先分類	1.建設　2.製造　3.小売　4.銀行・各種金融　5.証券　6.保険　7.不動産　8.運輸・倉庫　9.情報・通信　10.サービス　11.官公庁　12.農林水産　13.その他（　　）		
職　種	1.労務　2.人事　3.庶務　4.秘書　5.経理　6.調査　7.企画　8.技術　9.生産管理　10.製造　11.宣伝　12.営業販売　13.その他（　　）		

愛読者カード

書名

◆　お買上げいただいた日　　　　　年　　月　　日頃

◆　お買上げいただいた書店名　（　　　　　　　　　　）

◆　よく読まれる新聞・雑誌　（　　　　　　　　　　）

◆　本書をなにでお知りになりましたか。

1．新聞・雑誌の広告・書評で　（紙・誌名　　　　　　）

2．書店で見て　3．会社・学校のテキスト　4．人のすすめで

5．図書目録を見て　6．その他（　　　　　　　　　　）

◆　本書に対するご意見

◆　ご感想

●内容	良い	普通	不満	その他（　　　）
●価格	安い	普通	高い	その他（　　　）
●装丁	良い	普通	悪い	その他（　　　）

◆　どんなテーマの出版をご希望ですか

Q.1 物件を探し始める前にやっておくべきことはありますか？

A. 開業する目的など15の点を明確にしましょう

飲食店の開業を決めると、いきなり物件探しを始める人がいます。これは絶対にやってはいけません。「失敗に向けての第一歩を踏み出した人」が、やることです。

なぜかと言うと、**飲食店は場所が繁盛するかどうかの7割を決める**というのが定説になってきているほど、出店場所が重要だからです。おそらく日本で一番閉店する飲食店を見てきたと思われる、厨房リサイクルショップを経営する㈱テンポスバスターズの森下篤史会長などは「繁盛の９割が出店場所で決まる」とまで言います。これから飲食店を開業しようと思っている人は、物件を探し出す前にやっておくことが山のようにあるのです。

これから飲食店を開業しようとする方にとっては、「立地・物件探しがもっとも重要な課題」と言っても過言ではありません。私が見聞きしたなかでも、立地選定が甘いがゆえに、苦しみ抜いている店がどれだけ多いことか！

これは初めて店を開く方だけではありません。最初の店は成功し、次に出した2号店が立地・物件の見誤りによって失敗したという方もたくさんいます。ときには店を何十店と出している飲食チェーンでも、立地・物件選定のミスによって退店に追い込まれている例が珍しくありません。

逆に言えば、好立地に出店できるのならば成功が70％手に入ったも同然なのです。

繁盛するためにもっとも重要な物件探しを、準備なしの手ぶらで始めるわけにはいきません。

まずは、物件を探し出す前にやるべきことを以下に挙げます。

物件探しを始める前にやること十五ヶ条

一ヶ条　あなたが飲食店を開業する目的をハッキリさせる　あなたはなぜ、飲食店をやるのですか?

二ヶ条　人脈づくり、食べ歩き、貯金は必須条件

三ヶ条 身近な協力者の同意を得る 家族の協力をとりつける
四ヶ条 あなたのやろうとしている店の業種・業態を決定する 何屋なのかを決める
五ヶ条 店舗コンセプトを決める 店の個性や特長をハッキリさせる
六ヶ条 おおよその出店場所を決定する どのあたりに店を出し、どんな客層を狙うのかを決める
七ヶ条 開業希望エリアの家賃相場を知る 保証金や家賃の相場を調べる
八ヶ条 立地・物件の条件や、坪数の目安をつける 何席くらいの店をやるのかを決める
九ヶ条 開業時期を決定する 時間的な目標を定めることで、具体的に行動する
十ヶ条 総開業費を知る 開業には総額いくらぐらいかかるかをつかんでおく
十一ヶ条 資金調達の目安をつける 借入金額の目安をつけておく
十二ヶ条 借り入れの相談に行く 日本政策金融公庫や都道府県、あるいは市・区など公共機関へ行く
十三ヶ条 開業計画書を作成する 頭のなかにあるプランを文字や数字にして、開業をシミュレーションしておく
十四ヶ条 修行体験する 開業しようとしている業種・業態の、厨房体験とホール体験を両方する
十五ヶ条 開業プロデュース会社と接点を持つ その道のプロや開業経験者に、自分が探した立地や物件の確認がすぐにできる状況を準備しておく

Q.2 どのようにして物件を探したらいいですか？

A. このハイテク時代でも物件探しにウルトラCはありません

物件を探すには、まず出店を希望するエリアを決めた上で、その地域の不動産屋を数多く回って物件探しを依頼するのが基本です。

お勧めしたいのは、自分が探している物件の規模や予算の情報を刷り込んだ名刺をつくって、不動産屋を回ることです。既製の用紙に記入して申し込みを受けつける不動産屋が多いのですが、**物件探し専用の名刺**を渡せば相手の印象に残ります。サイズ的にも保存・管理しやすいので、後から連絡がくる確率がグッと高まります。

●FAXは物件探しの必需品

新しい情報はないかと、毎週決まった曜日に不動産屋へ行く人もいます。通称「マイソ

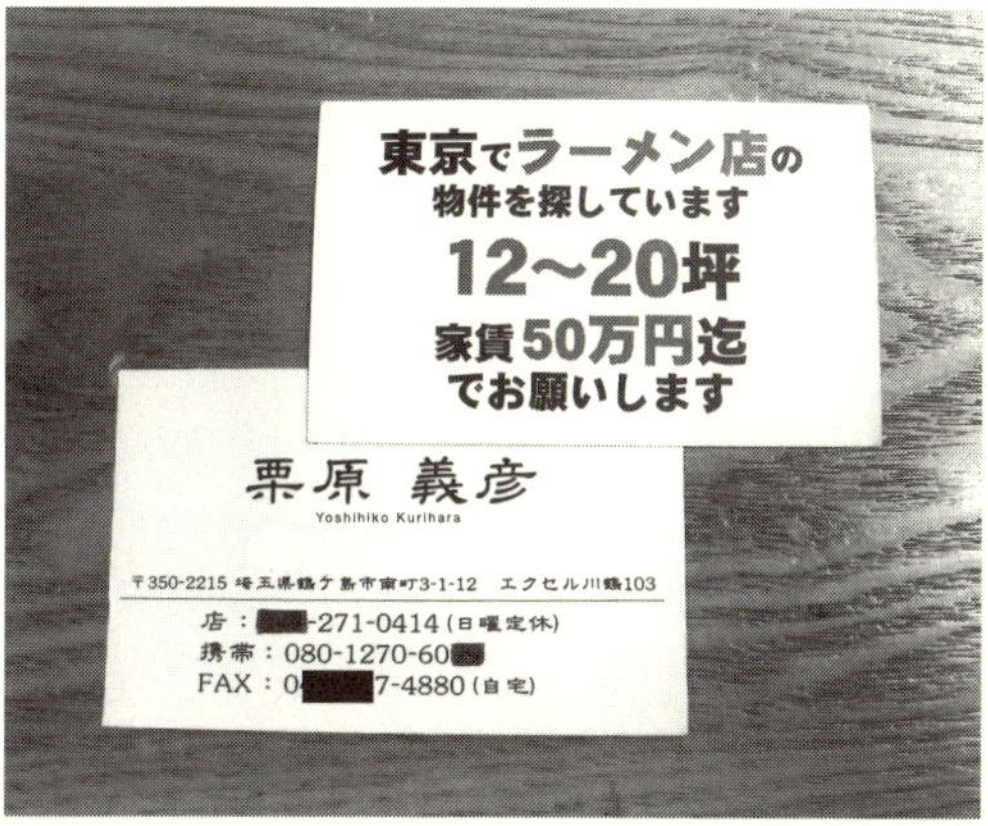

探している物件の規模や予算の情報を刷り込んだ名刺の現物

ク」と呼ばれる、物件の概要、間取り図、地図などをまとめたチラシの到着日が、不動産会社によって決まっているので、ＦＡＸが送られてくるより早く情報を得るために、その曜日・時間に合わせて、不動産屋へ行くのです。

マイソク情報を送ってもらうには、ＦＡＸが必需品です。店を開いた後も、発注などでＦＡＸを使いますので、店舗開業後も使い勝手のよいＦＡＸ電話を購入するのがお勧めです。

●飲食店舗紹介に積極的な不動産屋を探す

店舗物件の紹介は、住居用に比べて不動産屋にとって割のよい仕事ではないので、対応が悪い場合もあります。このため、飲食店舗紹介に積極的な不動産屋を探す必要があります。積極的かどうかは、店頭に貼り出している物件情報のポスターを見ればわかります。外に貼り出しているポスターに店舗物件の数が多ければ、店舗物件に力を入れている不動産屋だとわかります。

●空き物件の「テナント募集」のポスターをチェックする

希望するエリアを、自分の足で探すのもお勧めです。パシオでプロデュースした店でも、空き物件に貼ってあった「テナント募集」のポスターで見つけた方が1割ほどいます。なかには、自分で空き物件を見つけて近くの不動産屋に飛び込み、紹介された店で開業し繁盛している方もいます。

最近では会員を募り、週に二度、三度と最新の物件情報をインターネットで送ってくれる、店舗専門の不動産情報サービスの会社もあります。会費が有料のものと、無料のものとがあります。最近は、このインターネットによる物件紹介が主流になっていますが、「足で探す」ことも忘れないようにしてください。

Q.3 立地の良し悪しを判断するポイントはなんですか？

A. 1ヶ月に何日営業できるのか、などが大きなポイントです

まずは、次ページの「繁盛店立地判断5つの基本ポイント」をもとに判断します。しかし、個人の方が新規開業で「誰が見ても繁盛間違いなし」という場所に出店することは、予算的に難しいことが多いものです。そうなると、よい立地・悪い立地の判断が的確にできる、自分なりの基準・物差しをしっかり持って、「掘り出し物」を見つけるほかはありません。

「自分なりの判断基準」とは、自分がどんな人を相手に、どんな商売・店をやろうとしているかによって決まります。つまり、**立地に対する判断基準がハッキリしているということは、ターゲットや客層が具体的でハッキリとしているということ**です。

前述の『路地裏の超繁盛店』に登場した超繁盛店のオーナー10人のうち6人までもが、その物件と出会った時に「ここだと閃いた！」と言っていました。「閃く」のは、不思議

繁盛店立地判断５つの基本ポイント

①土・日・祭日の集客の可能性（何日営業が可能か）を探る

近隣の飲食店舗の営業日や時間を確認するだけでもわかる。同じ家賃を払って、月に30日営業できるのか、土・日は休みで20日営業の場所なのかによって、見込める売上げは大きく変わる。

②ＴＧと動線（ＴＧとＴＧを繋ぐ道）を把握する

ＴＧとは交通発生源のことで、多くの人が出入りする場所や施設。ＴＧが店のそばにあるか、あるいはＴＧとＴＧを繋ぐ動線上にあるかを確認する（ＴＧについては『最新版　これが「繁盛立地」だ！』（同文舘出版）に詳しい）。

③店前の交通量

客単価の低い回転型の店の場合は特に重要。

④客層と業種・業態のマッチング

学生が多いのか、サラリーマンなのか、ファミリーなのかなど客層をつかむ。

⑤視認性

交通量の多い道から一本奥に入っている場合は、その道から外観やエントランス部分や外観・看板などが見えるかをチェックする。

なことでも何でもありません。そのオーナー達が、「どんな店にしたいか」「どんな人に来てほしいか」など、頭のなかに描いた店ができ上がっているから「閃いた」のです。脳のなかで、すでにでき上がっている店の具体的なイメージと、物件探しで出会った目の前の物件が重なり合ってスパークし、「閃いた」となるのです。ある店のオーナーは、開業した物件を初めて見た時に「店の前に並んでいるＯＬさんの姿が見え、会話が聞こえてきた」と語っています。

Q.4 立地の良し悪しで迷ったときはどうしたらいいですか？

A. 出店場所は絶対に妥協してはいけません

人間とは弱いもので、物件探しが3ヶ月、6ヶ月と長引くと、探し疲れてだんだんと譲れないはずの出店条件を妥協していくことが珍しくありません。最初の思いはどこかに置き忘れ、「こんなもんでいいか」と考え始めるのです。

しかし、ここで思い出してください。飲食店は、立地で成功・不成功の7割が決定するのです。出店場所は絶対に妥協しないという覚悟が、まず必要です。

●契約前に開業の専門家に見てもらうこと

物件決定に迷った時は、契約の前に開業の専門家や、すでに飲食店をやっている開業経験者に物件を見てもらうことがお勧めです。そのためには、物件探し前に開業の専門家と接点を持っておく必要があります。その物件が自分のやろうとする業種・業態に適しているかどうか、客観的に判断してもらうのです。自分だけだと、長期化することでどうしても焦ったり、疲れたりで冷静な判断ができなくなるからです。

また、最初に店舗コンセプトを決め、どんな場所でどんな人達を相手にした店をやるのかを、文章で残しておくことも重要です。頭のなかで考えたことは、時間経過と共に変わっていくことがありますが、文章にしておけばそのまま残るからです。

ときには、最初に決めた店舗コンセプトから、物件探しをするうちにターゲットや場所選びの条件が変わることがあります。そんな場合、すべてを当初の店舗コンセプト通りにしなければいけないということではありません。あくまでも、譲れない条件を妥協してしまうことを防止するための手段なのです。

狙っている客層・ターゲットのアドバイスは貴重です。若い女性に来てほしい店なら身近な若い女性に聞いてみる、年配男性に来てほしい店なら年配の男性に聞いてみることです。つまり、**来てほしいお客さんに聞いてみる**――これは間違いありません。物件決定に迷うということは、どこかでその物件に魅力を感じている証拠です。ターゲットが「行ってみたい」場所であれば検討するし、「行きたくない」場所であれば、諦めればいいのです。

Q.5 繁盛立地を見分けるポイントはありますか？

A. あなたがやろうとしている飲食店が、昼型なのか夜型なのかによって、繁盛立地の条件も変わってきます

●ランチ客を見込める範囲は半径300m、居酒屋は駅への動線上

うどん・そば店のような昼型の飲食店であれば、周辺の昼間人口がポイントになってきます。１分間で歩く距離を60ｍと想定して、５分間で行ける半径３００ｍの範囲が、ランチ客を見込める距離です（自転車や車であれば当然もっと広い範囲になりますが、ここでは歩いて行く店を例にしています）。つまり、**店を中心として半径300mにどれだけの人が働いているかを知ること**が、昼型飲食店が繁盛するためのポイントです。

夜型の飲食店（居酒屋など）なら、繁盛するための立地条件がまったく違ってきます。

一般的に会社から最寄り駅との間に立ち寄れる店を探し、帰り道と逆の方向へは、よほどのことがない限り行きません。つまり夜型飲食店は、会社から駅へ向かう動線上に店があると絶対的に有利なのです。

このように、昼型飲食店と夜型飲食店とでは、繁盛するための立地条件が基本的に違ってくるのです。

他にも、繁盛立地を見分けるポイントをいくつか挙げておきます。

①裏道の人の流れをチェック

意外なほど人の流れが多い裏通りとは、メイン通りの道に比べ信号機が少なく、通勤、通学客にとって便利であったり、看板や放置自転車などの障害物が少なくて歩きやすい道です。来てほしいお客さんの種類や、業種・業態によっては、集客時間帯が違うので、時間帯別の交通量も確認しておきます。

②店前の風景、窓や入り口越しに見えるものをチェック

公園、緑、木々、シャレた建物など、店内から外に見えるものによって、雰囲気を演出できる場合があります。「わざわざ客」（その店を目当てに〝わざわざ〟やって来るお客）を狙ったカフェやレストランなど滞在型の店の場合、そこから見える風景は店の雰囲気づくりに大きな影響を及ぼして、繁盛のきっかけになることがあります。

③公園、神社、コンビニなど不特定多数が集る集客施設をチェック

店舗物件と、不特定な人達が集る施設（役所関係やコンビニなど）との位置、距離関係を確認します。週末型の施設（公園やホームセンターなど）があると、意外な集客が見込めることがあります。

④車で便利な場所かどうかをチェック

近くに100円パーキングがあると、意外な集客が見込めます。客単価の高いレストランなど「わざわざ店」の場合は特に重要です。客単価の安いラーメン店などでも、100円パーキングが近ければ「100円キャッシュバック」など販促手段としても使えます。

Q.6 よい物件かどうかを判断するには、まず何を見ればいいのですか？

A. 入り口部分に演出できるかどうかを見ましょう

私は、出店候補地を見る際に、立地そのものと建物部分を分けて考えるようにしています。なぜそうするかと言うと、分けて考えたほうが、繁盛に大きな影響を及ぼす立地の重要度がより鮮明になるからです。

●まず外観・エントランスの演出を考える

物件の良し悪しを判断する場合、まずは建物の外観・エントランス（入り口導入部）の演出を考えます。店を認知させて集客するためにも、店の特長やこだわりを伝えるためにも、外観・エントランスにたっぷりとした演出ができ、告知スペースとなる「顔」が確保できるかどうかは、繁盛させるためにとても重要な要素です。

1階の物件がよいとされるのは、入りやすいことだけでなく、外観・エントランスの演出スペースを広くとれることも、その要因のように思います。

外観の演出を第一に考えると、一軒家丸ごとの店舗がもっとも魅力的です。ロードサイドにある、駐車場の真ん中に建つ一軒家のレストランが目立つのはご承知の通りです。

歩いていく場所なら、角地に建つ一軒家が一番外観を演出できることになります。

●地下や2階以上の物件は、1階の告知スペース確保が重要

地下や2階以上の物件なら、1階の告知スペースが確保できるかどうかが重要です。いかに1階部分で店の特長や内容（商品写真や価格帯、店内の写真、レイアウト図等）を見せ、告知できるかに繁盛のカギがあります。

特に、2階店舗の場合、1階からの階段部分が3階から上のテナントとの共用で、演出・装飾に制限がある場合が多いので注意が必要です。

店前の歩道などの公共スペースへ置き看板を出す際には、違法ではないかどうかの確認が必要です。道に対して垂直に、ビルに取りつける袖看板も、高さや敷地境界線からの出幅が規制されていますので、取りつけ前に役所に確認すると間違いありません。

Q.7 物件の設備で確認しておく必要があるものは？

A. 煙・臭い、音の問題を回避できるかどうかを確認しましょう

開業後の近隣とのトラブルは、煙・臭いと音の問題がほとんどですから、排気をどこに出すかの確認を事前にしておけば、トラブルを回避することができます。都市部では、排気を屋上から出すことが条件になるケースが多いので、排気ダクトを屋上まで上げて取りつけられるスペースの確認と、工事コストを見込んでおく必要があります。

●電気容量が足りなくて店をやれない可能性もある

電気容量は契約前に、工事業者などに依頼して必ず確認しておきたい項目の筆頭です。電気容量は、建物ごとに使える量が制限されているので、快適な空調環境をつくりたくても、容量不足でできないことがあります。夏場にエアコンの効きが悪い店などは、電気容

設備チェックリスト

氏名		物件名		立ち会い人	
住所				坪数／席数	

■電気容量

●動力=3相200V／(　　　kw・1kw月額／1.500円位)

基本料金1kw=10A=1,071円

●電灯=単相100V／(　　　kw)

基本料金10A=273円

幹線・配線(配管)の太さ(　　　mm)電気容量に対応しているか?

エアコンの必要台数は、20坪で10〜15馬力くらい(10馬力で×0.7=7kw)

動力はエアコン、食器洗浄機(1.5kwくらい、ヒーター付きだと4.7kwくらい)、グリラー(10kwくらい)、店内排気ファン(1.5kwくらい)、厨房排気ファン(2.2kwくらい)、厨房給気ファン(3.7kwくらい)、冷凍・冷蔵庫(0.5〜1kwくらい)などが対応している(器具の表示kwより1〜2割多く計算される)

電灯(単相)も20坪だと、15〜20kwくらい必要(動力とのバランスにもよる)

100vの場合／100W=1A、1000W=1kw=10A

■水道管(13mmだと家庭用・20mm〜25mmは必要)メーターの設置位置の確認

■排水管(70mm・100mm直径)、位置の確認(本管も)、汚水と雑排水

■ガス管(25〜40mmは必要。25A・32A(11万kcal)40A・50A)

■ガスメーターの設置位置

ガスメーターの見方(N5=5万kcal、NI 6=6万kcal、NI 7=7万kcal)

25mmだと同時使用で6万kcal(7万くらい迄)

■ガス容量(　　kcal)全部を一挙に使用することは少ないので8掛けでOK

ガスオーブンレンジ(4口／48,000kcal)、給湯器(10号19,000kcal、16号30,000kcal、20号40,000kcal、24号45,000kcal、32号59,000kcal)東京ガスの工事になるので1〜3ヶ月以上前に予約する必要がある。

都市ガスの容量に限界がある場合はプロパンガスを検討する。

■グリストラップ(深さ200mm必要)週1〜2回の定期的な掃除が必要

■グレーチング(厨房内の溝)

■天井高(　　　mm・懐　　　mm・梁下　　　mm)2.300mmが基準

■エアコン室外機の置き場所(奥行き450mm)

■排気を出す場所(350mm角・450mm角)

■給気スペースの確保(300mm直径・400mm角、ガラリや窓など)

■給気をする場所(　　ヶ所)

■ダクトスペースの確認(屋上などへのダクト。厚み最低200mm必要)

■倉庫等(ストックスペースの確保)空ビールケース等を置く

■水漏れの確認

量が足りないことが原因という場合が珍しくありません。

エアコンの室外機の設置場所も確認が必要です。店舗面積に対して必要なエアコンの馬力や使用する電気容量は、前ページの表を参考にしてください。ガスメーターの大きさやガス管サイズも確認が必要ですが、費用はかかるものの変更が可能なので、それほど気にしなくても大丈夫です。

水漏れの確認も重要です。水漏れは排水管からなのか、それ以外の場所なのか原因を特定しづらいので、手間や費用がかかります。特に、階下に店がある場合は、水漏れによる被害を出すと大ごとですので、事前に十分チェックしておく必要があります。設備の確認は、素人ではわからないことが多いので、この事も開業の専門家に手を借りたい理由です。

Q.8 居抜き物件の注意点はどんな点ですか？

A. 飲食店の居抜き物件は、基本的にうまくいっていなかった店です。立地と業種・業態のミスマッチがあったかどうかが判断の分かれ目になります

仮に、立地がよくて家賃も手頃で繁盛している飲食店舗が、何らかの事情で店を閉めるとなったら、大抵は友人や従業員が店を引き継ぐことになります。つまり、内輪で転売されて、不動産屋ルートには出てきません。ときには、店のお客さんだった人が「店をやりたい」と言ってくる場合もあるくらいですから。

結果的に、不動産屋ルートで出てくる飲食店の居抜き物件は「うまくいっていなかった店」と思って間違いありません。

●原因は立地と業種・業態とのミスマッチか？

そうなると、うまくいかなかった理由が「立地と業種・業態のミスマッチによるのかどうか」を検証することが重要になります。もしうまくいかなかった理由が、立地と業種・業態のミスマッチが理由なら、繁盛店になる可能性がグッと出てくるのです。なぜなら、回転型の飲食店と滞在型の飲食店では、立地に求める条件が違うからです。客単価が安く、来店客数が何百人も必要な回転型の業種・業態の店であれば、店前交通量がたっぷりと必要です。かたや、客単価が高く、来店客数が少なくてもよい滞在型の店であれば、路地裏など交通量の少ない場所でも、「わざわざ客」を呼ぶことによって、繁盛店にすることができます。

あなたが滞在型の店をやろうとしているなら、回転型の店を店前交通量の少ない場所でやって閉店した居抜き物件が出てきたらチャンスです。

逆に、数は少ないのですが、回転型が似合う場所で、滞在型の客単価の高い店をやって閉店している場合もあります。回転型が似合う、店前交通量の多い場所は家賃が高額なことが多く、滞在時間の長い業種・業態だと採算がとれない場合があるからです。

●造作譲渡金額は立地のよさで決まる

すでにお伝えしたように、居抜き物件には、店にある厨房器具やエアコンなどの設備、客席の椅子やテーブルなどの譲渡を受けるために「造作譲渡金」が必要な場合があります。造作譲渡金は、譲渡される設備や内装で金額が決まるわけではありません。では何で決まるかと言うと、立地がよいかどうかが造作譲渡金額を決めるのです。ときには、まったく価値のない設備や内装に、立地がよいから「どうしても借りたい」と、何百万円という造作譲渡料を払うこともあります。

造作譲渡費用が発生して、譲渡品が使えることを前提に物件を借りる場合は、厨房業者や設備業者に来てもらい、譲渡を受ける什器等が使用可能かどうかを確認してもらう必要があります。

●チェックリストで一品一品確認する

それと、何が譲渡品かを事前に確認して、リストをつくってから契約することをお勧めします。そして、譲渡金の受け渡しや契約をする時は、必ず大家さんや不動産業者にも同席してもらってください。当人同士だけだと、「言った、言わない」のトラブルが起こりがちだからです。

Q.9 ロードサイドに出店する場合のポイントはなんですか？

A. ロードサイド型の店は、まず車からの視認性が高い場所であることが条件です。走っている車から、店の外観や看板が目立つのがよい店です

パシオでは「**店の外観すべてが看板**」と考えているため、外観全体を使って店の存在をアピールできる物件がお勧めです。店の外観を看板にするのが難しければ、「どれほど効果的な目立つ看板がつけられる物件か？」がポイントになります。すでにお話ししたように、「認知されなければ、存在しないのと同じ」なのですから。

当然、交通量が多い場所であるに越したことはありません。しかし、交通量は豊富にあったとしても、その多くがトラックやダンプで作業着姿のお客さんばかりなら、お酒

店の外観が目立っている、栃木県宇都宮市のラーメン店「龍ノ髭」

落な店は似合いません。ボリューム満点！　早い！　安い！　といったお店が繁盛します。見込める客層と自分の狙う客層が、合致しているかどうかの確認を忘れないようにしてください。

●個人店に似合う道の広さがある

客層だけではなく、片側2車線以上ある国道の広い道には大型の全国チェーンの店が似合うし、地域に密着した生活道路には個人店が似合います。やはり、普段の買い物にスーパーマーケットに出かけたり、DVDのレンタルに行く時に通る、片側1車線の生活道路沿いにあるほうが似合います。

面白いもので、お客さんの側も、ちゃんと使い分けをしています。たとえば同じラーメンを食べに行くのでも、週末に家族4人で行く昼食は国道沿いにある駐車場がたっぷりとあるチェーンのラーメン店で、普段の会社帰りには生活道路に面した個人経営のラーメン店を利用する、といった感じに使い分けます。

回転型の飲食店と滞在型の飲食店で、立地に求める条件が違うのは、ロードサイド店でも同じです。来店客数が何百人も必要な回転型の店は、店前交通量がたっぷりと必要ですし、客単価が高くて来店客数が少なくてもよい滞在型の店であれば、交通量の少ない場所でも、「わざわざ客」を呼ぶことによって繁盛店にすることができます。

特に、車移動の場合は行動範囲が広がるため、「わざわざ店」が強くなる傾向があります。

Q.10 契約前、特に注意することは？

A. 外観の演出は自由にさせてくれるのか？ 内装工事に制限はないのか？ 道に看板を出せるのか？ などといったことを、申し込み後に仲介した不動産会社を通して大家さんへ確認しておくのがお勧めです

●大家さんに完成予想図を見せ、工事内容や外観演出の承認をとる

申し込みをして契約へと進んでいくようなら、契約前に外観・エントランス（入り口導入部）の演出プランを書いた「パースイラスト」を、大家さんに提出してＯＫをもらっておくと間違いがありません。

演出するスペースはあっても、他のテナントとの関係でビルの外観を演出できない場合があるからです。外観・エントランス（入り口導入部）の演出は最重要課題ですから、賃

貸契約前に大家さんと会い、口約束ではなく完成予想図である外観パースイラストを見せながら、最終確認を取っておくことをお勧めします。

念のために、営業時間の制限がないか、営業日の制約がないかなども確認しておきましょう。この段階でコミュニケーションを怠ると、着工してからトラブルとなりがちです。

また、保証金・敷金として大家さんに大金を預けるわけですから、契約前に物件の登記簿謄本を管轄地域の法務局か出張所から取り寄せるか閲覧して、担保状況などを確認して物件の素性（登記状況）を知っておくと安心です。

●物件が分譲マンションの区分所有の場合、管理組合の確認を取っておく

分譲マンションの区分所有物件を借りる場合は、契約前に管理組合にも外観パースイラストや設計図面等を見せて、工事内容の確認を取ることを忘れないでください。分譲マンションの場合、占有面積内であっても、外部壁面等は共有部分とみなされるので、給気口や排気口をつくるための壁への穴あけ等が制限される場合があるのです。また、外観へのデザイン演出も制限される場合があるので、外観パースイラストも提出して、マンション住民や管理組合に確認・承認を取る必要があります。つまり、大家さんは区分所有している方だけでなく、分譲マンション住民全体と考えると間違いがありません。

夢を叶えた！
繁盛店の例4

地元にトコトンこだわって開業

3店目で「焼きとん屋」にチャレンジ

居酒屋歴15年超で3店舗目のお店を、初めての業種「焼とん屋」で開業した、百目鬼勝さんの店「二代目こっこのすけ」を紹介します。なぜベテランの開業を紹介するかというと、この店の物件の見つけ方が繁盛店開業の典型例だからです。

「二代目こっこのすけ」は栃木県のJR宇都宮駅西口ロータリー沿いのビル2階に開業しました。駅からは1分とかからない場所です。この元喫茶店だった物件は、既存店の取引先の酒販店が見つけてきてくれました。百目鬼さんが前から、「夢はJR宇都宮駅西口に店を持つことだ」と言っていたのを酒販店の人が覚えていて、この駅前物件のテナント募集の貼り紙が出ると同時に連絡をくれました。

●「酒屋さんの紹介」がポイント

酒販店の紹介というのが、実は物件探しの時のポイントです。初めて店を開く人には、業務用の酒卸会社との接点がないわけですが、パシオのような開業プロデュース会社では、物件探しをする場合、まず地域の業務用酒販店に声をかけます。

なぜなら、業務用酒販店が閉店情報を一番早く察知するからです。飲食店が閉まる時は、酒代の仕入れ額が減ったり、酒代の支払いが滞ったりします。そういう予兆を真っ先に知ることができるのが、酒販店です。それと、毎日飲食店街を配達しており、貼り出されたテナント募集などを、いち早く見つけることができます。

また、地方都市では酒販店が大家さんと顔見知りの場合も多く、「あの会社の紹介なら間違いない」と、交渉がスムーズにいく場合もあります。

●地元栃木を、元気にする店に!

元々、地元栃木の料理学校を卒業して東京のレストランで働いていた百目鬼さんは、地元へ戻り居酒屋を開業しました。栃木県にだけ3店舗出店しています。「微力でも地元に貢献したい、ふるさと栃木をもっと元気にしたい」という思いがあって、徹底的に地元にこだわっています。メニューには、地元の野菜を使った料理や、宇都宮焼きそば、レモン牛乳サワーなど、栃木ならではのオリジナルメニューを揃えています。

店内は、この写真の掘ごたつ席のほか、カウンター席、中二階席、隠れ個室など、バラエティに富んでいる

元々はフランス料理のシェフであった百目鬼 勝さん

焼きとん屋二代目 こっこのすけ

住所／栃木県宇都宮市駅前通り 3-3-1 まつのやビル 2F
最寄り駅／ＪＲ「宇都宮駅」
席数／ 70 席

5章

また行きたくなる内外装12のポイント

私は、25年間で約600の飲食店の開業やリニューアルをプランニングし、デザイン・設計してきました。その時にいつも考えてきたのが「また行きたくなる店になるためには、どんなデザインや設計をしたらよいのか？」ということです。私のお客さんは個人開業の方がほとんどですので、その方らしい個性をどうお店に反映し、デザイン・設計していくのかがテーマでした。

この章では、そんな私が今考えている「繁盛店をつくるためのデザイン・設計のポイント」を12にまとめて書いています。

まずは「見せ場」をレイアウトする

「売り物」が決まっているから「見せ場」が決まる

お客さんが外食する理由は、「飲食店に行くと家で体験できなことが体験できるから」と2章でお話ししました。家では食べられないプロの料理が食べられることが、外食する大きな理由ですね。職人が炭火で焼いたアツアツの焼き鳥を頬張る、銅製の天ぷら鍋で板前さんが揚げた、揚げたての天ぷらを食べる、直径が60㎝もある寸胴で、ガス全開でつくったスープのラーメンを食べるなど、家ではできないことばかりです。

実は**繁盛店は、このような「家では体験できないこと」をうまく見せる工夫がなされています**。

家では食べられないプロの料理が食べられることが「売り物」ならば、やはりつくっている料理人さんが見えているほうがいいですよね。厨房内の、料理人の会話が聞こえてくる店のほうが臨場感があります。つまり「売り物」が決まっているから「見せ場」が決まるのです。

中華麺店（ロードサイド型）

■カウンター／4席
■カウンター／6席
■ベンチ／　8席
■テーブル／12席

合計　　　30席

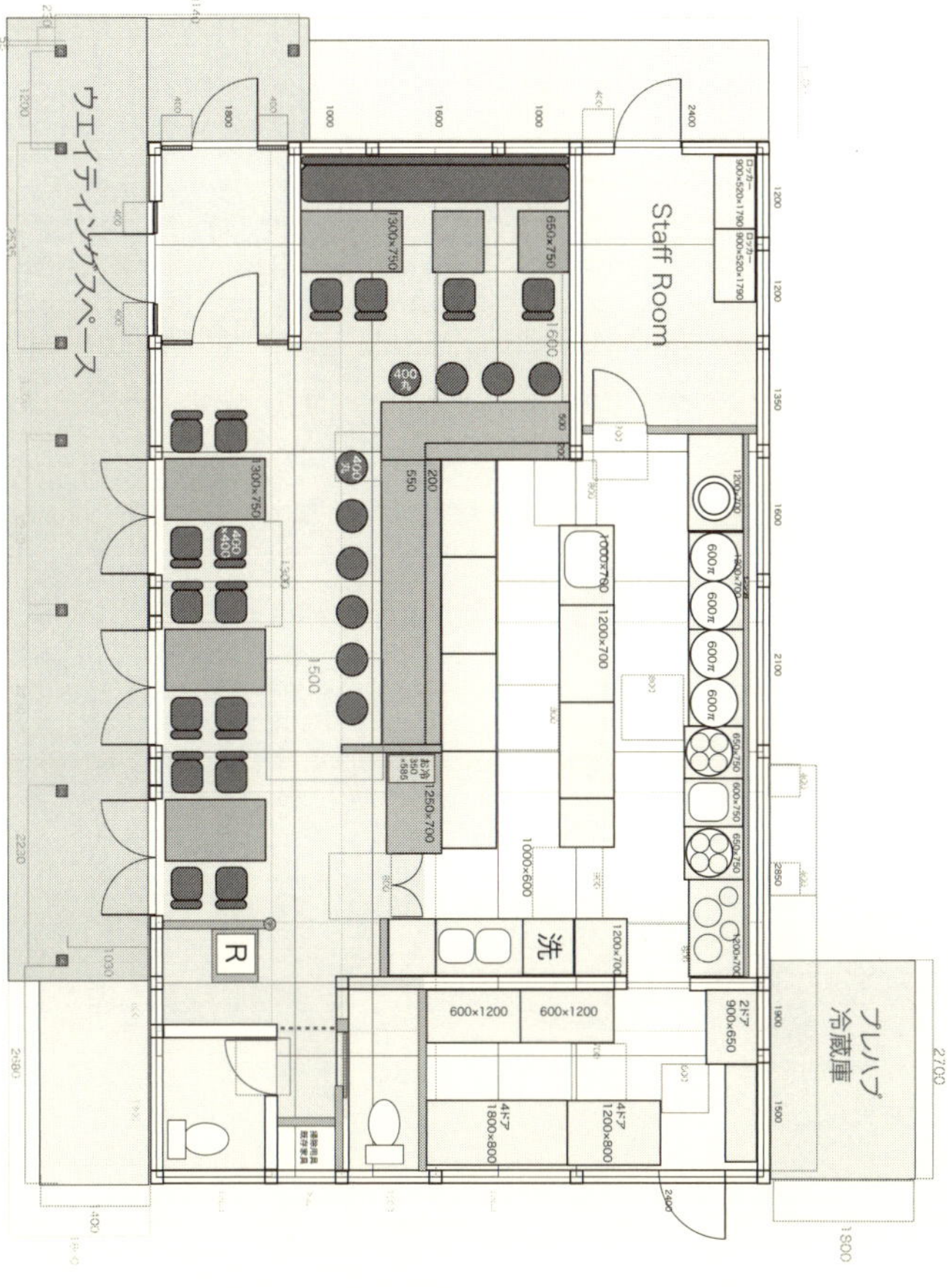

●お客さんやスタッフが〝見せ場〟の場合もある

商品だけではありません。料理は家でもつくれるレベルだったとしても、ウイットに富んだ楽しい会話ができるスタッフがいる、なども「家では体験できないこと」になります。最近は、お客さんの誕生日や結婚記念日を祝うことを「売り物」にしている店もあります。そんな店は間仕切りを極力なくすことで、どこになるかわからない祝いの席が全員から見渡せるようにしています。これによって、祝いの席がどこになっても、お客さんとスタッフが一体となって祝えるのです。照明も、客席のどこにでもピンスポットで当たるように配置されています。お客さんが「見せ場」になるようデザイン・設計されているのです。

●ゾーニングが最重要

繁盛店にするためには、まずお店の売り物をアピールする「見せ場」を決め、そして店の出入り口との関係を基に、客席を配置します。次に、料理やドリンクの出し下げ、お客さんや従業員の動線（人の動き、流れ）を考えてレイアウトしていきます。

ちなみに、ゾーニング（＝基本レイアウト）は店舗設計においてもっとも重要な部分なので、パシオでは何プランも出して検討します。**初めに〝見せ場〟ありき**――これがわかっていないと、店の魅力が半減します。

「雰囲気」がなければお客は来ない
日常生活で見慣れたものとは別の「異空間」が求められる

外食をする理由に「雰囲気がよい店だから」を挙げる人がいます。2章に出てくる、「繁盛店の基本方程式」の四つのキーワードのうちのひとつです。そこでは「非日常感の演出や、テーマ性のある内外装になっていること」が、雰囲気の意味だと書きました。

非日常とは「日常に非ず」という意味ですね。日常ではないことを考えるには、「日常とは何か?」をはっきりさせなければなりません。

都市部のマンションに住み、オフィス街にある高層ビルの会社へ通うことが日常の人もいるかもしれません。ぎゅうぎゅう詰めの満員電車に揺られて通勤するのが日常かもしれません。

自然豊かな農村部に住んでいる方だったら、築何十年も経つ木造の一軒家から、田んぼや畑を見ながら、のんびりと車を走らせて職場へ行くのが日常かもしれません。

そういった**日常生活で見慣れたものとは別の空間、つまり「異空間」が繁盛店には求められます**。普段と違う空間が「あなたの店にあるかどうか？」が問われるのです。

都市に住み、大都市の会社に通っている人には、農家のような建物や空間は異空間ですが、農村部に住んでいる人からしたら、それは日常の風景ということになります。

極端な例を挙げましたが、非日常的な異空間というのは場所によって違ってくる、ということになります。

●夜型の店では雰囲気が演出されていなければお客さんは来ない

特に、お酒を出す夜型の店（居酒屋やバーなど）では、雰囲気がより大きなウェートを占めます。たとえば、瓶ビールなどは家でも店と同じ物が飲めます。なのに「倍のお金を払ってでも店で飲みたい」となるのは、その店に、お酒を飲むための雰囲気があるからなんです。お酒を飲ませる夜型の店では、**「雰囲気がなければお客様は来ない」**と言ってもいいほどです。お客様が少なくなるのではなく、「来ない」のです。

飲食店をこれから始める方と話していて、一番理解してもらえないのが、この雰囲気の重要度です。言葉で完全に説明できない分、わかってもらいづらいのですが、お客さんは間違いなく、このあいまいな雰囲気によって、店を選んでいます。

工事費は、繁盛への投資と考えよう

お客様が来たくなる店でなければ、いくら安い工事費でも何の意味もない

飲食店にとって内外装は、「お金を生み出すための装置・道具」といった面があります。その道具の性能が悪かったり、使い勝手が悪かったりしたら何にもなりません。あなたが自分で住むだけの家なら、あなたの好きなようにつくっていただいて構いません。何か不具合があっても、あなたが我慢すれば済むことですから。

でも、店は不特定多数の他人に来店してもらって、さらに「また来たい」と言ってもらわなければなりません。不具合があれば、誰も我慢してくれません。店に来なくなってしまうのです。

お客さんが来たくなる店をつくらなければ、いくら工事費が安くても意味がありません。お客さんが来たくなる店を、いかに安くつくるかを考えてほしいのです。繁盛店になって成功するためにはどちらが重要か、という優先順位を間違えないようにしてほしいのです。

●設備費をケチると、後から思わぬ出費になることがある

厨房内も、しっかりと空調がなされていないと、スタッフが定着しません。食器洗浄機も、今ではほとんどの店で設置しています。洗い場の効率を高めるだけでなく、最近の機械慣れしたスタッフの定着にも貢献します。というのも、「食器洗浄機がないなら働きたくない」というアルバイトもいるほどですから。

設備機械を省略して、工事費を抑えたと喜んでいると、開業後のスタッフ募集費が嵩むなど、思わぬ出費を強いられることになりかねないのです。

坪当たり工事費を一番安く出してきた内装工事会社をあらかじめ選んで、物件探しを手伝ってもらうケースがあります。その後物件が決まり、施工図面から工事費が見積もられた時に、見積金額の違いからトラブルになることもあります。「最初に坪70万円でできると言ったのに、90万円かかっているじゃないか！」と。

実は、これはしょうがないことなのです。**正式な工事見積りは、施工図面ができないとわからない**からです。内装会社も嘘をついたわけではなく、最初に目安を伝えているだけなのです。トラブルにならぬよう、その金額がどんな仕上がりの時の見積りかを、最初にしっかりと話し合っておく必要があります

コストダウンは、設計・デザインでする
工事会社はプロだから、コストダウンの方法を知っている

開業に際し、店の工事費を安く値切ったことを声高に自慢する人がたまにいますが、私の体験ではそのほどんどが「工事費通りの仕上がり」でした。

どういうことかと言うと、内装工事業者はプロですから、どうすればコストダウンして工事できるかを知っています。見積りが出た後から工事費を値切れば、素材や設備機械を減らしたり、安い物に変えて価格調整するだけです。「値切ったから、安い工事費で済んだ」と喜んでいると、開店後に不具合が出てくることが珍しくありません。

特に目に見えないところにある、給排水管や天井裏のダクト、床下の補強などが問題になりがちです。

開業者自身が、設備や工事に詳しくて工事中に自分で内容を細かくチェックできる人であれば問題ありませんが、そうでない場合にはトラブルになりがちです。

開業者が納得した上でのコストダウンであれば問題ありませんが、工事費を安くあげるための省略工事では困ります。**工事費と工事内容のグレードは比例する**と、考えて間違いありません。

●デザイン・設計会社に予算を伝え、プランの段階でコストダウンをする

そうは言っても、限られた予算で店をつくる場合、工事費のコストダウンは必須です。そうした場合、どこでコストダウンするかというと、デザインや設計の段階で考えます。

開業予算に制約があるのなら、デザインをする段階でデザイナーと話し合い、中古や普及品の材料でも雰囲気が出るようにプランします。設計段階で、コストの安い材料で代替できないかを検討するのです。

最初のデザインプラン段階でイメージをしっかりと固め、それを具体化するために設計し工事するのと、工事見積りが出た後からコストダウンした場合とでは、結果的に工事費が同じだったとしても、仕上がりは大違いです。デザインや設計の段階でのコストダウンであれば、計画通りの雰囲気がつくれます。そして、給排気などのインフラ設備や、仕上がり材料が計画通りなので、でき上がってからのトラブルの心配もほとんどありません。

●デザイナーやデザイン・設計会社に、コストダウンできる経験や情報が必要

デザイナーやデザイン・設計会社には、コストダウンするための情報や経験、アイデアを持っているかが問われます。

たとえば、テーブル型冷蔵庫は、サイズが幅120㎝×奥行き60㎝のものが普及品で、定価に対して30％以下の価格で流通していてお得。高級なイタリア料理店であっても、テーブルにクロスをかけるのなら安価なベニヤ板で天板をつくっても十分であるなど、コストダウンのコツはたくさんあります。他にも、壁の左官仕上げ材料を「B-DRY」という、下塗り専用のものに変えることで、材料費を大幅に抑えることができます。

デザイナーやデザイン・設計会社が、コストダウンのための経験を持っているかどうかは、それまでにやった店舗を見せてもらうことで判断することができるでしょう。

厨房は飛行機のコクピットと思ってレイアウトする

ランチタイムは「スピードが命」。いかに「早く出せるか」を追求する

厨房は繁盛の鍵を握る最重要部で、厨房の使い勝手によって、同じスペースでも売上げが変わってきます。

使い勝手のよい厨房とは、飛行機のコクピットに近いかもしれません。

まずは機能性が最優先です。できるだけ動く範囲が少なくて、さまざまな作業が効率的にできることが望ましいのです。なぜなら、ほとんどの飲食店はお客さんの利用時間帯が決まっていて、オーダーがランチタイムの数時間に集中するからです。ランチタイムはスピードが命、「いかに早く出せるか」にかかっています（実際には、「いかに早く帰っていただくか」も含まれているのですが）。

これは、単に利用時間帯の売上げが多くなるからだけではありません。特にオフィス街で働く人は、短いランチタイムでやることがたくさんあります。空腹を満たした後に、ゆ

使いやすさ抜群の千葉県千葉市の「旨みこってりラーメン鐵」の厨房

つくりコーヒーを飲みたい人もいるでしょう。たばこを吸いたい人もいるでしょう。買い物をしたい人もいるかもしれません。あらゆることを、短い1時間で済まさなければならないのです。つまり**頼んだものが早く出てくる店でなければ繁盛しない**のです。

もちろん、早く出すためにはメニュー内容の工夫も求められますが、厨房レイアウトやサービス動線が大きな比重を占めます。特に提供スピードを要求されるラーメン店では、寸胴の高さと麺を取り出す麺箱の位置まで、ミリ単位で指定してくる開業者もいるほどです。

この点からも、開業者には厨房体験とホール体験が必要です。必要な厨房器具、調理の流れ、サービス動線など、**あらゆる業務の体験がなければ打ち合わせもできない**からです。

●オープンキッチンは、1人分の人件費を浮かす

客席から厨房内が見えるスタイルをオープンキッチンと呼びます。今ではこのタイプの厨房がほとんどですから、あえて説明の必要もないかもしれません。

オープンキッチンの利点は、厨房内を見せることで、本章の最初に書いた「見せ場」をアピールできることです。同時に、厨房内の人が客席からのオーダーを取れるなど、部分的に接客対応できるので、結果的に人件費の削減につながることも見逃せません。

0・5秒で「入ってみたい！」と思わせる外観をつくる

●右脳に訴えかけ、左脳に納得させる

以前、『人は見た目が9割』（新潮新書）という本がベストセラーになりました。他にも『人は0・5秒で選ばれる！』（ダイヤモンド社）という本も売れていたようです。人は「0・5秒で第一印象が決定する」という本です。私には、見た目が9割決めているのか、0・5秒が正しいのかわかりませんが、人を飲食店に置き換えてみると、見た目が重要であり、しかも一瞬にして好きか嫌いかを判断されているのは同じだと思います。

人が受け取る情報は「目から入ってくる」ものが占める率が圧倒的に高いので、見た目が勝負なのは間違いありません。

店を見た瞬間に、感覚を司る「右脳」が反応して、興味の有無や、好き嫌いを判断しています。「面白そう！」とか、「美味しそう！」とか、好意的なメッセージを右脳に訴えかけるデザイン（見た目）が欲しいのです。

そしてしばらくして、「値段はいくらなんだろう?」「メニューには、どんなものがあるんだろう?」と、冷静になって検討し出した時に、論理性を司る「左脳」を納得させるメッセージや情報が出ている外観が理想的なのです。

●大衆店と隠れ家わざわざ店では、外観の見せ方がまったく違う

街を歩いていると、入り口が広く開いていて、覗き込まなくてもなかの様子が見える店があります。厨房で立ち働く人達の姿が見え、調理をする音が聞こえてきます。客席では酒を酌み交わしているお客さん達が見えてきます。そこで「ちょっと寄っていくか!」と心が動かされるのです。

ロードサイドの飲食店でも、車を走らせていると、洒落た外観のレストランのガラス越しに、食事をしながら会話を楽しむカップルの様子が見えてきて、「今度はこの店に彼女を誘って寄ってみよう!」と思う瞬間があります。

反対に、わざと店内をまったく見えないように塞ぎ、さらに潜り戸など背の低い入り口にして「好奇心をくすぐられる! 入ってみたい!」と思うようなデザイン設計をする場合もあります。

「大衆店ならフルオープンで入りやすく。隠れ家的なわざわざ店なら中を見せずに興味を

引いて入ってみたくなる」といった外観が基本ですが、場所や業種・業態、競合状況、周りの建物とのバランスなど、ケースバイケースで変わってきます。

●外観の演出・看板に工事予算をしっかりと組み込む

以上のように、外観はお店にとって非常に大切なものですから、ファサード（外観）、エントランス部分（店の入り口導入部）、そして看板にしっかりと別予算を取っておくことをお勧めします。

開業計画書で内外装工事予算を組む時、外観工事費150万円、看板制作費50万円といった感じで、最初から内装工事費とは別枠で予算を取っておくのです。そして、その外観工事費と看板制作費を内装工事費より優先順位が上ととらえ、総予算を削らなければならない時でも最後まで残すようにします。この工事予算の優先順位の違いでまったく別の外観の店ができ上がってしまうのですから。

お客さんは「飲食する環境」にもお金を払っている

●給排気や空調などの「環境」に徹底的にこだわる

給排気や空調、厨房内の調理器機や給排水などあらゆる設備は、混雑時の客数と連動します。40席の店であれば、真夏に40人のお客さんが入った時の冷房能力が必要になります。「設備で、対応できるお客さんの数が決まる」と言っても過言ではありません。

真夏に店内が暑ければ、お客さんは来ません。真冬に寒ければ、これもまたお客さんは来ません。当然のことです。つまり、**お客さんは「飲食する環境」にもお金を払っている**のです。

飲食店の原材料原価は1／3が平均です。お客さん自身も、原価の3倍のお金を払っていることを知っていることが少なくありません。その3倍払う理由のひとつが、「飲食する環境」が整っていることなのです。整理整頓や掃除が必要な理由も、「飲食する環境ができ上がっていないと、お客さんが納得しないから」なのです。

ときには例外もあります。

海の家のような簡易な造りを売りにして、夏でも、「熱い！　暑い！」と言いながら炭火で焼いて食べる「浜焼き」の店のように、冷暖房環境が悪いことが雰囲気づくりになっている店もあります。しかし、そういった「狙って環境を悪く（？）」している店以外は、雰囲気以前に、冷暖房や給排気などのインフラ環境がよくなければ、お客さんが納得しません。

●開業後に、お客さんも従業員も気になるのが換気や空調

ドアを開けるとピューと音を立てて、外の空気が入ってくる店があります。これは、外の風が強いから入ってくるのではありません。給排気バランスが悪く、店内への給気が足りていないために空気が入ってくるのです。そうした店は、窓から外気を入れる工夫をするか壁に穴を空けるかして、外からの給気をもっと取る必要があります。

開業した後に、お客さんも従業員も気になるのがこの換気や空調のことなのです。

エアコンの吹き出す位置によって、吹き出しの「近くの人は寒くて、遠くの人は暑い」といった店がたくさんあります。店舗スペースに対するエアコンの必要馬力数は満たしているものの、実際のお客さんの居心地を考えないで配置した結果です。

たとえば、10坪で6馬力の空調能力が必要ならば、1台で6馬力にするより3馬力で2台の室内機にしたほうが、お客さんにとっては居心地のよい空調になります。しかし実際は、カタログ上のデータを優先し、居心地を犠牲にする工事がまかり通っているのです。

●トイレの善し悪しは、3％売上に影響する

清潔で掃除の行き届いた気持ちのよいトイレというのも、お客さんが店に来る環境のひとつです。私の経験だと、「清潔で魅力的なトイレ」は店の売上げを3％くらい押し上げると思っています。ささいなことのように感じるかもしれませんが、気にする方は思いのほか多いものです。

ちなみに、客席数が30席を越えたら、トイレは2ヶ所必要ということも目安にしていただきたい点です。

ハイタッチなデザインがお客を集める
ハイテク化するのに比例して、ハイタッチが求められる

アメリカの社会学者アルビン・トフラーが、1980年に出した『第3の波』という著書の中で「ハイテク・ハイタッチ」という言葉を使って、21世紀（1980年当時からする未来）は、「ハイテクノロジー（＝ハイテク）と、人と人の触れ合い（＝ハイタッチ）が、比例して求められる」と予言しました。

「21世紀はどんどんハイテク化され、人間同士の豊かな触れ合いが、同じぐらい求められる」という意味だと私は理解しました。

●人と人との触れ合いが21世紀型ビジネスになる

私がパシオを創業したのが1984年でしたので、この21世紀は「ハイテク・ハイタッチ」の時代になるという予言は、会社の方向性を決める指針ともなりました。つまり、これからはハイテクノロジー化してゆくのは間違いない。とすると、比例して求められる「ハ

イタッチ」、つまり、人と人の触れ合いビジネスは、21世紀型の仕事だと。そこで、何か「人と人の触れ合いビジネスをやってみよう！」と思いました。

最初に頭に浮かんだのが居酒屋です。「いらっしゃい！　土屋さん久しぶり！」と声をかけられる居酒屋のイメージがありました。居酒屋などの飲食店こそ、人と人の触れ合いビジネスの代表と思えました。21世紀は、飲食店の時代だと思ったのです。

私自身に飲食店で働いた経験や準備がなく、いきなり店をやるわけにはいかなかったので、飲食店を応援する「飲食店開業プロデュース」の仕事を選んだのです。

●触れ合いビジネス「飲食店」の本格的な出番はこれから

実際に21世紀を迎えると、当時の想像をはるかに超えたハイテク社会が待っていました。特に、携帯電話やインターネットの普及は私達の生活を根底から変えました。

「ハイテク・ハイタッチ」の予言からすると、「ハイタッチ」が同じように必要なはずなのに、どうも比例しているようには思えません。ということは、これからが、本格的な触れ合いビジネス「飲食店」の出番のような気がします。

ハイテクノロジー化は留まるところを知りませんから、飲食店が得意な「ハイタッチ」の提供が熱望されています。

「ハイタッチ」を意識して設計・デザインする

これからは、「ハイタッチ」な体験ができる店が求められます。設計・デザインでも、お客さんとどう触れ合えるかを考えた店が21世紀型なのです。

たとえば、広いスペースの居酒屋でもカウンターだけの店にします。「今日は、まぐろのいいとこ入ってるよ！」「新メニュー試してみてよ。ハイこれおまけ！」と、板前さんとの距離が近く、会話ができるように設計された空間をつくるのです。こういった店は「ハイタッチ」を意識して、最初からデザイン・設計しないとできません。

ネイチャー志向の内外装が求められている

「人と人の触れ合い」と「自然との触れ合い」が両方ある店

私は「ハイタッチ」という言葉を、「人との触れ合い」という意味に「自然との触れ合い」という意味を、勝手に加えて定義しています。

ハイテク社会になって、コンピューターだらけの生活や仕事になった時、人は「自然との触れ合い」を強く求めると思ったからです。つまり、「ハイタッチな店とは、人と人の触れ合いがあるだけではなく、〝自然との触れ合い〟を体感できる店」というのが私の考えです。これからの飲食店は、木や土や石などの自然素材を多用してつくることが、今以上に求められると思っています。

●ネイチャー志向は特に都市部の店で支持される

もちろん、自然と触れ合うためには田舎へ行ったり、自然が豊かなリゾート地へと旅行して、本物の自然と触れ合えばいいのですが、毎週出かけるわけにはいきません。

木、土、石でできた外観の東京都新宿区の「こころむすび」

そこで、都市部で働く人達のそんなハイタッチへの要求を叶えることができる場所が欲しいのです。そんな時、もっともその欲求に応えやすいのが、身近にある飲食店だと私は思うのです。コンピューターだらけの職場で働いている人達には、木や土や石などの自然素材でできた上がった「ネイチャー志向」の店は居心地がいいのです。

●住宅街の飲食店もネイチャー志向の店が求められる

今やハイテク化は会社だけでなく、住宅にも普及してきました。

ハイテク家電がどんどん増え、自宅のコンピューターでネットショッピングする人も増えてきました。家庭生活の中にも、ハイテク化は本格的に広がっています。

何より、携帯電話が進化して通信だけでなくパソコンの代わりをするようになってくると、情報収集、そしてゲームなどの遊びも「機械」に多くの時間を割くことになります。そうなると、住宅街でもネイチャー志向が強まってきます。ガーデニングや盆栽ブームなどは、住宅街に表われた「自然と触れ合いたい欲求」です。

このため、住宅街の飲食店にもネイチャー志向の店が求められます。帰りがけに立ち寄る居酒屋や、家の近くのレストランで、たっぷりと木や土の温もりを感じられる空間を求めるのです。

照明の使い方ひとつで、雰囲気がガラッと変わる

人は光に集まってくる

夜、街灯に虫が集まってくるように、暗い夜道に煌々と光を放つ外観や看板には、なぜか引きつけられるものがあります。人間の本能である、動物の部分が反応して、光が人を呼び寄せているのかもしれません。

たとえば、駅からは近いけれども人通りの少なかった路地に、チェーン居酒屋ができて24時間営業を始めると、道自体が看板の光で明るくなって、安全な通りに感じられるようになります。店の出入り口付近に若い男女が出入りするようになり、なんとなく活気づいてきます。すると、人通りのなかった道に人の流れが生まれ、新たな個人店も出店し始めます。まるで光には人を引き寄せる、魔法の力があるかのようです。

●デザイン的にも、照明の位置や明るさで店の雰囲気がガラッと変わる

外観だけを部分的にリニューアルする時に、照明の数を増やして明るくしたり、建物へ

照明が効果的な、群馬県伊勢崎市の「鳥こまち」

の光の当て方を変えただけで、ガラッとイメージが変わって、売上げを約10%上げた店があります。つまり、夜型の店は照明だけで外観の雰囲気を自由に演出できるということです。

天井など照明が当たらない部分が暗くて、お客さんからは見えないことがわかっているのなら、工事をする必要もなくなりコストダウンになります。バーなどでは、昼間見ると「なんじゃこりゃ！」と思うほど簡易な内装でも、照明の使い方で、ムードたっぷりの演出がなされているケースも珍しくありません。

●白熱電球も懐かしいものになってゆく

最近の照明器具は、ＬＥＤ照明が少しずつ増えてきました。温室効果ガスを抑制するため「電力消費の多い白熱電球の生産・販売を今後行なわない」よう電機メーカー各社に要請がなされ、白熱電球は今後消えていく運命のようです。

ブラウン管テレビが液晶テレビに取って代わられたように、「白熱電球は珍しい」と言われる時代がすぐに来そうです。

そうなると、余計に白熱電球を使いたくなるのが人情です。あの優しい光の感じが、懐かしさや想い出を呼び起こし、居心地をよくするからです。

設計デザインで、セルフサービスを意識するのが未来型
セルフサービスをいかに取り込むかが課題になってきた

大衆型飲食店が低価格帯を維持するためには、セルフサービスへの依存度を高めるしか方法がないように感じます。

ファミリーレストランがセルフ型カフェに業態転換し、セルフうどん店がブームになりました。ホルモン焼き屋や浜焼き屋などの、お客さんが自分で調理する「客焼き」の店もまだまだ増えそうです。全体的か部分的かの違いはありますが、セルフサービスを導入した飲食店が今後も増えそうです。

●お客さんを味方にする内装を考える

個人飲食店は、大手飲食店とは違った形でのセルフサービスへの取り組みが必要です。それは、お客さんに店の作業を手伝ってもらえるような店づくりです。

魅力的な個人飲食店は、街にとって財産です。長く続けてほしいと思うお客さんに、そ

お洒落なデザインで女性客も多い、東京都新宿区の「らーめんよし丸」

の存在がありがたがられ、大事にしてもらえることが繁盛店の条件です。

繁盛ラーメン店で、「食べ終わった丼はカウンターの上にお願いします」と書いてある、あの感じです。

そのためには、お客さんが座ったままで下げられるよう、2段カウンターの高さを低くしておくなど、デザイン・設計で工夫できることはたくさんあります。

●お客さんに手伝ってもらいやすいデザイン・設計にする

繁盛店に対しては、お客さん側も店の作業を積極的に手伝おうという気持ちが生まれることが珍しくありません。その気持ちを生かすためにも、お客さんに手伝ってもらいやすいような店を、デザイン・設計するのです。

居酒屋なら、お客さんが自分で客席側にあるショーケース型の冷蔵庫からビールを出してきて、自分で栓を抜いて飲む店も面白いと思います。そうなると、客席側に冷蔵庫を配置したデザイン・設計をすることになります。

店の作業をお客さんに手伝ってもらっても、お客さんが楽しんでいればＯＫ！　です。

「常連さんは、第三のスタッフだ！」といったコンセプトで店をつくるのも面白いでしょう。お客さんと一緒に店の作業を楽しめる——そんな店をデザイン・設計するのです。

女心は男にはわからない？
デザイン・設計はターゲットに近い人にやってもらう

女性客をターゲットにした店を開くなら、女性デザイナーにデザイン・設計を依頼したほうが間違いありません。なぜかと言うと、男性と女性とでは飲食店の使い方が微妙に違っているからです。

たとえば、女性ならトイレへバックを持ってゆく人は、普通だと思います（男性がトイレへバックを持って行くと、ちょっと変に思われるかもしれません）。トイレへバックを持って行くなら、バックを置く棚が必要になります。

女性がトイレへ行って、口紅を塗り直したり、髪型をセットしたりするのであれば、鏡が必要だろうし、照明にも気を遣う必要があります。

●「なんとなく」を、デザイン・設計する

女性に満足してもらえるお店は、女性の「なんとなくの気持ち」を汲み取っているもの

です。「なんとなく」とは、「あの店のトイレって、顔が綺麗に映るから好き」といった感じです。はっきりと意識しているわけではなくても、「なんとなくそう感じてお気に入りになってくれる」、それが狙いです。

男性にはなかなか想像しにくい、女性ならではの「なんとなくの感じ」はたくさんあります。女性特有の要望を、無意識の部分も含めて、女性デザイナーならデザイン・設計に取り入れることができるからです。

この「なんとなく」は、ありとあらゆるところでデザイン設計されています。立ち呑み屋のカウンターは、高さが1m〜1m5㎝が平均なのですが、わざと低めの90㎝につくって居心地を悪くして回転率を高めている、超繁盛立ち呑み屋なんていうのもあります。

同じカウンターでも、座った時に椅子とカウンター天板の高さの差が30㎝あるのが標準なところを、わざと35㎝とカウンターを高めにして違和感を感じるようにして、滞在時間が短くなるようにコントロールしている有名なバーもあります。「〝なんとなく〟早めに店を出たくなる」といった感じです。

「当店は時間制です」なんて言う店に比べて、こういった裏技で回転率を高めるほうが洒落ていますね。

●あなたの弱いところを助けてくれるデザイナーが理想

年配男性がターゲットなら、その気持ちがわかる年配の男性がデザインするのがベストです。開業する方が年配の時も、年配のデザイナーが設計すると安心です。台に登らなければ届かないような高所には収納をつくらないとか、床の段差を最小限にするとか、バリアフリーを意識した、働きやすい安心・安全な環境をつくる相談をしやすいからです。

性別や年齢だけではありません。

あなたが飲食店で長く働いた経験者であれば、デザイン、設計する担当者は、お客さんの立場で話ができるような人が最適です。逆に、あなたが飲食店で働いた経験がなかったり、少ないのであれば、飲食店に熟知した経験豊富なベテランデザイナーが向いています。あなたの経験が少なく、慣れていない部分、不安な部分を助けてくれるデザイナーが理想なのです。

夢を叶えた！
繁盛店の例5

好きなことを活かして開業

コの字カウンターのおでん屋で夢を叶える

東京のJR王子駅から3分ほどのお鮨屋さんの2階に8坪のおでん屋「あがれや」があります。店主の伊達健司さんは、まさに「好きなことを仕事にした」脱サラ開業組です。

宝石製造会社に勤めていた時から、大の居酒屋好き、日本酒好き。課長だった頃は、部下の女性社員を連れて日本酒の美味しい店を探しては通っていました。そんな時に、部下の女性達から「女性が一人で日本酒を飲みに行ける店がどこにもない」との嘆きを聞き「じゃあ俺がつくってやるか！」と独立を決意し、会社を退職しました。

「女性が一人で日本酒を飲みに行ける店」という店の骨格は決まっていましたが、酒を飲むなら「酒の肴」がいります。つまり、

壁の棚には日本全国の銘酒が並びます

鰹節の一番出汁だけのおでん

日本酒に合う食べ物が必要になります。しかし、伊達さんはサラリーマン一筋の人生だったので、料理はまったくできませんでした。

●大好きな居酒屋巡りが役に立つ

ここで、大好きな居酒屋巡りが役に立ちます。会社帰りに何度か顔を出していた、野菜のおでんが名物の銀座「よしひろ」がパッと思い浮かびました。さっそく銀座へ出向いて事情を話すと、なんとレシピを教えてくれるとのこと。これで、食種はおでんと決まりました。

飲食店修行の場所は、一緒に居酒屋巡りをしていたかつての部下から、おじさんが働いている店を紹介してもらいました。東京・お茶の水の名店「洋食屋ひさご」です。

昼はフロアで働き、夜は仕込みの手伝いをする修行を3ヶ月続けました。空いた時間で物件探しの毎日。そして現在の8坪の物件を見つけて開業となったのです。

この物件の大家さんは、一階で持ち帰り寿司「やすけ」を経営している、銀座の有名鮨店で修行した方でした。ご主人の藤松さんからは、包丁の持ち方から始まり、「調理のすべてを習った」と言っても過言ではないほどお世話になったそうです。

「銀座よしひろ」直伝の、鰹の一番ダシだけで取った関西風薄口のつゆで煮込んだ野菜のおでんが、日本酒によく合います。店を開いてからも続けている居酒屋巡りからヒントを得た、「鶏皮ポン酢」や「砂肝の辛子醤油漬」などの酒のアテも絶品です。

●唎酒師の資格取得後「酒匠」になる

日本酒好きが高じて唎酒師の資格を取り、名誉唎酒師の称号まで授与されました。そしてさらに上位の「酒匠」の資格まで取りました。伊達さんの店「あがれや」には、日本酒好きが集まって来ます。

「日本酒の美味しい飲み方をもっと知ってほしい」そんな思いを込め、冷や、常温、お燗など、酒に合わせた温度、飲み方を提案しながら、伊達さんがおもてなしすることになります。自分の好きなことを仕事にした伊達さん。女性スタッフ二人を使い、仕事をしている姿が、イキイキとして何より楽しそうです。

コの字カウンターの中には
店主伊達健司さんの姿が見える

名物トマトのおでん

あがれや

住所／東京都北区王子 1-5-11　2Ｆ
最寄り駅／ＪＲ「王子駅」
席数／ 18 席

6章

思いもしなかったトラブルから学ぶこんな時、どうする!?

この章では、開業プロデュースで実際に体験した、開業にまつわるトラブルや開業後に実際に起こった事件を紹介します。その時は、どうしていいかわからずあたふたしたのですが、今になってみると事前に準備することや、もっと的確な対応策がいくつもあったと思います。皆さんはそんな失敗をしないよう、本章を参考にしてください。

開業後、2〜3ヶ月で売上げに行き詰まる

●開業計画書には、お客さんが来る理由も書いておく

パシオでやっている有料の開業相談に来る方のうち3分の1が、「店を開いたが、お客さんが思ったように来ない」と経営に行き詰まった人です。その方達は、圧倒的に開業後2〜3ヶ月の早い段階の場合が多く、「駆け込み寺へ飛び込むように」相談に来られます。

すぐに行き詰まる原因は、**想定した開業後の売上げ根拠が不明確な場合がほとんど**です。「これくらいは来るだろう」という根拠のない想像で、売上げを見込んでいるのです。大抵の場合、単純に、席数×何回転で来店客数をはじき出し、売上げを決めています。算出法は間違っていないのですが、肝心のお客さんが来る理由が何も検討されていない場合がほとんどです。

●すべてが計画とは違う方向へ進んでいってしまう

先日も、東京都心部の駅から5分ほど歩いた、ビルの2階・25坪・家賃45万円の物件で串焼き居酒屋を始めた方が相談に見えました。50歳代の脱サラ開業で、食品会社の元部長さんだった方です。開業して2ヶ月、450万円売る目標だったのが3分の1にも満たない売上げだと言うのです。いつものように話を詳しく聞いて、対策を考えます。

まず25坪で50席もある店は、脱サラで初めて店をやる方には広すぎます。そして45万円の家賃なら、月の売上げはその10倍、450万円が必要になりますが、この店が立地するミニオフィス街で営業できる日数は月間20日なので、1日20万円以上売上げる必要があります。そうなると、多くの場合ランチ営業をしなければならなくなります。しかし、脱サラとなると、その方が料理をつくれるわけもなく、料理人を雇わなければならなくなります。

この方は、料理人がいらない串焼き屋で開業しており、昼の営業もやろうと思っていなかったのです。つまり、当初描いた計画と違う方向へ進んでいたのです。

●開業後すぐに行き詰まるのは「場力」の低さが原因

串焼き店は100円台の商品がアピールできて、「ついで来店」が見込めるのが強みです。つまり、1階でなおかつ人通りの見込める場所で開業しなければなりません。この場合であれば、10坪くらいの小さいスペースで、坪当たり4万円払ってでも、「場力」のある人通りの多い1階で串焼き屋をやるべきだったのです。

開業後すぐに経営に行き詰まる原因は「場力」の低さに問題がある場合がほとんどです。開業後に目標売上げにならなくても、「場力」が高ければ、売上げをつくる手段には困りません。

たとえば店頭へ「見物大歓迎」のポスターを貼ったり、半額イベントを告知するなど、店へ入ってもらう工夫を、低コストでやれます。私の経験上、効果もそれなりに見込めます。

しかし「場力」の低い場合、売上げをつくる手段は限られますし、時間もコストもかかります。「よい店をつくれば、場所は関係ない」と言う人がいますが、間違いなく言えるのが、「場力」が低ければお客さんが来るようになるまでに時間がかかるということです。

金曜日の夜、営業開始時間10分前に料理長が消えた

●どの食種でも、料理人とは意見が合わない

開業者の方が脱サラして店を開く場合や、飲食業とは別の分野の方が飲食店を始める時に、料理人を募集して店を開くことがあります。そんな時、注意すべきことがあります。誤解を恐れずに言わせてもらうと、和食店でも洋食のレストランでも、どの食種でも料理人さんとは意見が合わないものだ、ということです。

なぜかと言うと、オーナーと料理人が店で出したいものが一致するのが稀だからです。オーナーはお客さんが望むものを出したがり、**料理人は自分のつくった経験のあるものだけを出したがる**からです。

先日、20年の和食経験があって独立した料理人の方の店をプロデュースしました。この方は何店舗もの和食店で働いてきましたが、チーズやガーリックを使った料理など1回

もつくったことがなかったと言います。「俺は、そんな料理をつくるために、何十年も和食の修行してきたわけではない」というのが口癖でした。でもそんな方が、自分の店を持つと決まった瞬間から、「和風のチーズフォンデュはメニューにどうだ」と言い出したり、ガーリック料理をラインナップするわで、勤めている時とは大違いです。

何を言いたいかというと、料理人は、勤め人の時は自分のつくりたい物をつくり、独立したらお客さんの食べたい物をつくるようになる、ということです。悲しいかな、お客さんの食べたい物をつくるようになるのは、料理人が自分の店を持つ時であって、他人の店で働いている時には、今まで通りのものしかつくってくれません。

私が体験したなかで料理長がもっとも多く替わったお店は、1年の間に3回、入れ替わりました。客単価の高い和食居酒屋でしたが、一度はメニュー内容の件で開店直前にオーナーと料理長が揉めて、その日に辞めてしまったこともありました。当然、その日は営業できずに臨時休業です。間の悪いことに金曜日であったため、予約のお客さんが入っていました。予約の6組にまずは電話連絡し、場所がわかる方のところへは、菓子折を持ってオーナーが謝りに行きました。すぐに募集をして、新しい料理長を雇ったのですが、再開するまで3週間もかかってしまいました。

行儀の悪い客に居着かれた

●女性スタッフがお尻を触られた

東京の下町で、居酒屋の開業をプロデュースした時の話です。開業される方が鉄道会社にコネのある方で、電車の線路下の物件を借りることができました。駅から2分と、居酒屋をやるには申し分ない場所で、店前にはしっかりと交通量もありました。今流行の大衆的な居酒屋に、ちょっとだけお洒落な内装をプラスして女性客も狙った、40席の串焼き居酒屋です。開業者は店を別のエリアで2店舗を経営している方で、今回は立地も申し分なかったので順調にスタートが切れると思っていました。

しかし、開店してすぐにトラブル発生です。女性スタッフがお客さんにお尻を触られたとの連絡が入りました。もちろん、店長はそのお客さんの所へ飛んでいって注意をしたのですが、しっかりと酔っぱらったそのお客さんは「悪気はないんだよ」と、なんで大騒ぎしているのかがわからないといった風だったそうです。

●タチの悪い酔っぱらい客の撃退法

そうです、そのエリアは「行儀の悪い」人達が多い土地柄だったのです。お尻を触わる以外に、手を握ってくるお客さんもいたそうです。

この店では対策として、まず店内照明を明るくしました。「うちは、健全な店ですよ」という意思表示です。料理やドリンクの価格帯を上げ、飾り物を大衆的な雰囲気のものから洒落た雰囲気のものへとイメージを一新しました。「この店は大衆的な店ではなくて、お洒落な店ですよ」という雰囲気をつくることによって、行儀の悪いお客さんが来なくなるようにしたのです。店の狙い通りに行儀の悪い人が来なくなるまで、約半月間かかりました。

●老舗の注意書きの意味がやっとわかった

下町で古くからやっている居酒屋では「酔った方の入店はお断りします」「当店では、お酒は3杯までとさせていただきます」といった紙が貼られているケースがあります。「居酒屋なのに酒を飲ませないのか?」と首を傾げていたのが、この騒ぎの時にやっと理由がわかりました。下町だからという理由だけではないのでしょうが、地域によってはこちらの想像の域を超えた悪さをする酔っぱらいが、今でも存在するのです。

路上生活者が大挙して店へ押しかけて来た！

何年か前の話ですが、東京のオフィス街の路地裏で魚居酒屋をつくった時、オープン記念に開店からの3日間は「ビール10円」というイベントを実施しました。駅でチラシを巻き、今ではあまりつくらない「捨て看板」も200本つくって設置しました。開業したのは広告会社に勤めていた方で、非常に広告宣伝に積極的だったのです。

杯数制限をつけなかった10円ビール企画には、想像以上の集客効果があり、タクシーで乗りつけるお客さんもいたほどです。ごった返す開店日に立ち会いながら、まずは企画が大成功と喜んでいたら、翌日から異変が起きました。路上生活者とおぼしき人達が、10円ビールを目当てにどっと押しかけてきたのです。

●路上生活者とおぼしき人達に、店が占領されてしまった

「『1杯限り』なんてせこいサービスでは、お客さんは来ませんよ。何杯でも10円で飲ん

でもらいましょうよ！」と提案したのは私です。目の前では信じられないような光景が広がっています。約40席の店の半数近くが路上生活者とおぼしき人達です。

そのうち、一般のお客さんは逃げるように帰っていき、その方達だけで盛り上がっている店となってしまいました。その日は時間を早めて閉店とし、翌日の開店3日目、つまりビール10円サービスの最終日は、急遽休みとしました。

事前に、チラシや捨て看板で「開店3日間は10円」の告知をしていましたから、3日目は店頭に開業者と全スタッフが立ち、お店へ来た方へひたすら頭を下げ続ける1日でした。企画の言い出しっぺとして、私も横でひたすら頭を下げました。

●全品半額もお勧めできない

10円ビールに懲りずに、開店サービスで全品半額にした時もありますが、やはり狙った客層というより、招かれざる客を多く集めてしまうことが多くありました。

今は、開店チラシを配布する場合でも、ディスカウントをメインにするのはやめて、店の特長や魅力、雰囲気を伝える内容に変えました。インパクトは薄くなりますが、狙った客層の反応という点では大きな違いがないようです。

開店したとたん、店内が煙でモウモウに！

●レセプションは開店日の予行演習

私がプロデュースした店は、いつも開店前に工事関係者・銀行・不動産会社の担当者、仕入れ先関係など、そして友人・知人・親族を集めて開店前にレセプションを行ないます。レセプションの目的は、無事に開店にこぎ着けたことへの感謝を関係各位に表わすためですが、もうひとつ大きな目的があります。それは、開店日の予行演習をすることです。

部分的な予行演習は、店ができ上がってからの準備期間にやっています。関係者を呼んだ試食会を開いて、料理もひと通りつくっています。その時に、オペレーションのトレーニングもやっています。しかし、ほとんどの場合が少人数での練習体験しかありません。たとえば40席の店なら、30人以上のお客さん（関係者）が入って、その人達に料理をつくって出すというのは、まさにレセプションの時が初めての場合がほとんどです。

●うまくいかないところを探すために開くのがレセプション

大体、このレセプションでメニュー内容やオペレーションに不都合が見つかって、開店日までに調整して直すというのがいつものことです。

つまり、**レセプションは「うまくいかないところを探すために開く」と言っても過言ではありません。**

ですので、開店日とレセプションの間には、平日を挟むようにスケジュールします。レセプションで、配管や機械などのトラブルが見つかった時に、業者に直しを頼めるようにしているのです。電気屋さんや水道屋さんなど、工事業者をレセプションに招待し来てもらっているのも、それが理由です。

●お客さん全員が店外へ緊急避難

開店前に、いつもレセプションが開けるとは限りません。工事が遅れて、開店日の前日に店が完成し、前日から徹夜で準備をして翌日には開店といったケースもあります。

この時も、そんなバタバタとした開店でした。神奈川県の住宅街に、炭火の串焼き居酒屋を、工事が遅れ気味だったものの無事に開店させました。おかげさまで、すぐにお客さんも入って来て満席になりました。順調な滑り出しとひと安心していたら、しばらくすると店内の視界が悪くなってきました。そのうち、明らかに焼き台の煙が厨房から客席へと流れて来るのです。しっかりと煙を吸うはずのダクトが、なぜかまったく煙を吸わないのです。そのうち、お客さんがざわつき始めます。スタッフが誘導して、お客さん全員を店外へと緊急避難となりました。開店から数十分で店内は煙に包まれてモウモウの状態でした。その日は、そのまま閉店。工事会社の到着をただひたすら待つだけになりました。

原因は、取りつけ間違えで「ダクトフードのファンが逆回転していた」のですが、その時は関係者全員が真っ青で、対応に大わらわでした。

店の完成間近に、大型の厨房器機が入らないことが判明

●工事完了1週間前に、冷蔵庫が入らないことが判明

大型の厨房機器が入らない——そんな嘘みたいな話が、本当によくあります。「厨房内に設置する、縦型の大型冷蔵庫が入らない」という場合がほとんどです。

東京・赤羽で開店した2階建て一軒家の囲炉裏居酒屋で、このトラブルは起こりました。2階の厨房に入れる縦型のショーケース型冷蔵庫を、工事完了1週間前に業者が持ってきて、入らないことが初めてわかったのです。なぜこんなことが起きるかというと、厨房器機とショーケース型の冷蔵庫では、取り扱い業者が違ってくる場合が多いからです。

●機器によって取り扱い業者が別の場合が多い

この居酒屋は、開業する方にとって3店舗目の店でした。酒問屋から協力金がもらえるので、それをショーケース型の冷蔵庫でプレゼントしてもらうことになったのです。つま

り、この冷蔵庫は、酒問屋が発注したものだったのです。

当然、他の厨房器機は開業者が自分でお金を支払う分なので、厨房器機会社と打ち合わせをし、設置位置などを決めていました。酒屋さんからもらう、ショーケースタイプの冷蔵庫は、サイズだけを決めておいて、後からはめ込むつもりで計画していました。実際に届いたものが、空けておいたスペースより数cm足りなくて入らなかったのです。

ほんの数cmであろうが、入らないもの入らない。結局、持ってきてもらったものは返品して、サイズ変更したものを3日後に届けてもらうことになりました。

●居抜きで買ったものを出すのに大工事が必要になった

トラブルというより、居抜き物件で店を開く時の注意点は、造作譲渡品で縦型の4ドア冷蔵庫やガスレンジなど、大型の厨房器機を残した場合の話です。

当然のことですが、新品の機械より中古の機械のほうが寿命は短くなります。居抜き物件を借りる時に、まだ使えるので造作譲渡品として残した厨房器機が、新品より先に壊れます。たとえばそれが、4ドアの縦型冷蔵庫だったとすると、ほとんどの場合、その縦型冷蔵庫を厨房から出すためのスペースが確保されていないのです。

厨房に付帯したカウンターの一部を壊さないと、縦型冷蔵庫を外へ出すことができないというケースがほとんどです。故障修理で済む場合でも、今は「いったん工場に持ち帰って直します」という話になるので注意が必要です。

●新品を買ったほうが、安くつくことがほとんど

そして、カウンターの一部を壊して、また元に戻すためにかかった費用が、新品の縦型の4ドア冷蔵庫を買うのと同等か、それ以上かかることがほとんどです。コストダウンのために残した中古品が、結局は高くつくのです。

では、こんな場合はどうするのかと言うと、カウンターの柱を取り外せるようにしたり、厨房と客席を区切るために天井から床に向けて取りつける下がり壁の一部を開くようにしたりと、大型の厨房器機を後から取り出せるスペースを確保して工事しておくことをお勧めします。

保健所の担当官がOKを出さない！

●飲食店の開業にとって唯一絶対に必要なのが、保健所の飲食営業の許可

内外装工事が完了して、工事業者から完成品としての店を受け渡されるのを「引き渡し」と呼びます。引き渡しが終わると、保健所の検査を受けます。飲食店の開業にあたって唯一必要なことが、飲食店営業の許可を得ることです。

地域によって、若干検査基準が違いますが、厨房内や客席に「手洗い器」がちゃんと設置されているか、そこに消毒液が固定された状態でついているか、厨房と客席の区画はしっかりと区切られているか、などを検査します。この検査に合格して許可を得ないと、飲食店は開業できません。

●デザイン優先の手水鉢が、チェックに引っかかった

東京のど真ん中で、ワイン居酒屋をつくった時の話です。酒落たトイレにしたので「手

洗い器」も洒落たものをと、輸入品の高価な皿を取り寄せて手水鉢に加工しました。開業者の方にも「お洒落なデザインで、とても気に入った！」と喜んでもらえました。

工事が遅れてしまい、開業日の前々日に保健所の検査となりました。厨房内の区画や、手洗いの設置などは問題なくＯＫが出て、いつも通り順調に進んでいたのが、トイレの手水鉢で引っかかってしまいました。検査担当の20歳代後半とおぼしき女性がスケールを取り出して、デザイン自慢の輸入品の皿を加工した手水鉢を計り出します。「これはまずい！」とっさにそう思いましたが、声を出すわけにもいかず、見守っていると、案の定「手水鉢の深さが足りない」「排水口に高さがあって水が溜まるので、衛生上よろしくない」との指摘があり、どんな説明をしても、保健所の女性担当官はＯＫを出してくれませんでした。

●保健所の基準を満たさないものは許可されない

たしかに、保健所の「手洗い器」の基準を当てはめると深さが足りなくて、水が飛び出してくるかもしれない。既製品の手水鉢ではないので、排水パイプへ繋ぎ込む留め金が飛び出ていて、そこに水が溜まるのです。とりつく島もなく、「このままでは検査を通さない」とのことなので、輸入品の手水鉢を取り外し、無難なデザインの既製品へ変えました。結局その皿は私が自腹で買い取り、自宅玄関の飾りになっています。

隣の住民には気をつけろ

●隣の住民がどなり込んで来た！

10年ほど前に、東京の住宅地にある50世帯ほどが入る分譲マンションの1階で、天ぷら専門店をつくり始めた時のことです。現場の工事業者から電話が入り、「隣に住んでいる人がどなり込んで来た！」と言います。びっくりして現場へすぐに駆けつけると、隣に住んでいる主婦の方が、工事中の入り口付近で仁王立ちしています。「壁に穴を空けるなんて、何も聞いていない！」と怒り心頭で食ってかかってきます。

元は不動産会社の事務所だったその部屋は、3部屋の真ん中でした。天ぷら屋をやるにあたって、窓の上に開口部をつくって、そこから排気を出すことにしたのです。その穴空け工事中にどなり込まれたわけです。

開業にあたって、いつものように大家さんへは開業までのスケジュールを伝え、工事工程表を提出し、外観のデザインや工事内容を詳しく説明してOKをいただいていました。同じ内容の書類を、マンションに常駐する管理人さんにも説明して渡していました。

隣の部屋の方にもご挨拶に二度伺ったのですが、いずれも留守だったので工事工程表と挨拶状をポストに投函しておきました。

さまざまなトラブルを経験した今ならやらないことですが、隣の住民の方と直接挨拶を交わさないまま、工事を始めていたのです。この時はマンション管理人の所で提出書類がストップしていたことも重なり、大事となりました。

●分譲マンションの外壁に穴を空けたり、材質を変えたりできない

分譲マンションの一室を所有している大家さんの場合、区分所有している自分の部屋の壁であっても、外壁は共有部となり、その大家さんだけの判断で穴を空けたり、材質を変更することはできません。この時は、このルールすらあまり重要視していませんでした。外壁への工事は、マンション住民の3分の2以上の賛成・了解がないとできなかったのです。

マンションに常駐する管理人は経験が少なく、私達が渡した書類を預かったものの、そのまま放っておいたのが実情でした。この管理人は、マンション住民にはもちろん、派遣先の管理会社へも何の連絡もしておらず、後から責任問題にも発展しました。

●マンション住民の会議に参加して状況を説明する

この後、マンション住民の全体会議が数度開かれ、そのたびに開業者と内装工事会社の責任者と大家さんと私の４人で参加し、写真や書類を提出し状況を説明しました。結局、壁には穴を空けてはいけないことになり、空けた部分を補強して塞ぎ、元に戻しました。排気は、ガラス窓部分を潰して、低い位置ですがそこから煙を出すことにしました。ほぼ、住民側の意向通りに工事内容を変更して、店の開店へとこぎ着けました。

マンション住民への事前連絡や説明・許可は、大家さんが事前にやっておくべきことだったので、家賃発生を遅らせることや一部工事代金を負担してもらうことに落ち着きました。

役所からいきなり呼び出された

●善意の市民からの通報が市役所に入った

地域によって防火などの基準や、建築の基準は異なります。防火地区、準防火地区などの指定の違いによって、飲食店の出店に際してもさまざまな規制がかかるのです。

埼玉県の中堅都市部で、2階建て一軒家の中華居酒屋をプロデュースした時のことです。工事中の現場に市の建築課の担当者が来て、「どこの業者が設計しているのかを聞かれ、写真を撮られた」という連絡がきました。2、3日後にその現場がある地域の市役所から、呼び出しの電話が入りました。指定の日時に市役所の建築課を訪ねると、「工事中の建物が、消防法や建築法に違反しているのではないか？」との通報が市役所に入ったと言います。この現場は再開発指定地域でもあり、防火の規制が厳しいということをこの時知ったのです。「建ぺい率違反ではないか？」「準防火地区の基準にそぐわない材料が使われているのではないか?」など、通報にはいくつかポイントがありました。

建ぺい率に関しては、水平投影面積を確認すると問題がなく、まずはホッとしました。準防火地区の基準については、道路中心線から2m以上離れていたので、道路側からの距離はクリアしていたのですが、隣地境界線からの距離が2m以上離れていなかったので、「不燃のものに変えるように」という指示が役所からありました。そこで、木製枠ガラス戸を使っていた入り口開口部にシャッターを取りつけて、外部と遮断できるようにして、防火の基準をクリアしました。ガラス窓をはめ込んでいた2階の外壁も土壁に変更し、不燃物で覆われた壁に変えました。

●市役所の担当者と一緒に解決策を模索する

この間にも、「善意の市民」からの通報が何度か入っていたようで、そのたびに役所に打ち合わせに出向き、変更改善を繰り返しました。5回ほど市役所建築課の担当の方と話して、解決策を模索しました。変更が入るたびに、まずは開業者にデザイン変更の確認を取り、内装工事業者に変更部分の見積りを出してもらいます。その変更図面を市役所に提出して、担当者の確認を取りながら一つひとつ仕様を変更していきました。

●変更にかかった工事費用をどこが持つのか？

「この変更にかかった費用をどこが持つのか？」、これが実際には大きな問題になります。役所のＯＫがなければ開業できないのですから、開業に関わった誰もが何とか役所の意向に沿って解決したいのですが、変更工事の費用が多額になると、どうにも身動きが取れなくなるのが正直なところです。

もちろん、開業者に責任はありません。工事を請け負った業者側からすると、設計通りにつくったのだから追加変更工事は別料金、という理屈になります。そうなると、設計デザインしたパシオの責任となりますが、正直大幅な変更工事代金を立て替えるほどの料金をいただいたわけではありません。結局、この時は3者がほぼ均等に費用を負担することになりました。

路上駐車の写真が送りつけられた！

●大行列の落とし穴

今のように駐車場の規制が厳しくなかった頃は、正直に言えば私も「ロードサイドの飲食店は、車止めのよい所に出店するのがよい。駐車場代がかからないから」などと暴論を吐いていました。今ではもちろん、そんなことは通用しません。

数年前に開店した、駐車場が4台しかない首都圏郊外のラーメン店がブレイクして、大行列店になりました。団地のはずれにある長屋店舗の一角で、何の変哲もない立地ですが、店主のつくる濃厚つけ麺が話題になって口コミを呼び、週末などは県外からもわざわざ車で乗りつけるような大行列店になったのです。18席の店に4台の駐車場ですから、当然、近隣への路上駐車が跡を絶たない状況となりました。

ある日、店に封書で路上駐車された車の写真が送られてきました。同封された手紙を要約すると、「あんたの店のせいで路上駐車でこんなに迷惑をかけていて、良心が痛まないのか」といった内容です。お客さんが少ない時から、ひたすら、どうやったらお客さんが来てくれるか？　しか考えていなかった店主夫妻は、どう対応していいかわからずにうろたえるだけでした。送られてきた手紙に宛名はなく、連絡の取りようもありません。

店内に「路上駐車はお止めください」のポスターを何枚も貼り出してみても、効果のほどはわかりません。来店したお客さんに「どこに車を止めましたか？」と一人ずつ聞くこともできませんし、夫妻2人だけでやっている店なのでそんな暇もありません。

●しばらくすると、また写真入りの手紙が届く

しばらくすると、文章内容はエスカレートして「自分のことしか考えていないのか！」と、鬼畜生呼ばわりの内容で送られてくるようになりました。店の人は、他に対策が思い浮かばないので、「路上駐車はお止めください」のポスターを大きくして、枚数を増やして貼り出すしかありません。

「警察へも相談して」とは思ったのですが、危害を加えられたわけではなく、駐車場を準備していない負い目もあって、届けずにいました。その後もこの写真入りの手紙は続き、内容はどんどんエスカレートしていきました。

●開業後でも、煙や臭いのトラブルはついて回る

結果的に言うと、この店は駐車場を確保できる別の場所へ移転しました。この店は、駐車場がないのにお客さんが来てくれるのですから、ある意味では大成功店だったのです。しかし、駐車場の問題は経営者に強いプレッシャーをかけることになります。

東北のロードサイドにある大行列ラーメン店などは、その店が原因で交差点に渋滞が起こるようになり、８００ｍほど離れた所に店を建て直して引っ越してしまったほどです。

夢を叶えた！
繁盛店の例6

こだわりの食材をトコトン追求する

米にこだわった9坪の料理居酒屋を開く

東京メトロ新宿御苑前駅から3分ほど歩いた路地裏に、「銀しゃりとひもの炭火焼こころむすび」はあります。

居酒屋で15年ほど働き、独立に備え蓄えたお金が1000万円。腕にも自信があったオーナーの石田洋司さん、20坪前後の1階物件を、「東京都内であればどこでもいい」といった感じで探していました。

でも、これがなかなか見つからない。2ヶ月経ち、3ヶ月経ち、すでに仕事は辞めていたので、焦る気持ちが日に日に湧き上がってきます。そんな時、いつものように物件を探しがてら街を歩いていると、新宿御苑前の路地裏でシャッターに貼られたテナント募集のポスターが目に入ってきました。自分が探している広さの半分以下、9

竈と焼き台が並ぶカウンター

近代的なビルの谷間にやすらぎの空間

坪の物件です。狭い。しかし、なぜか惹かれる路地裏の1階です。ピンときて、すぐにポスターにあった不動産会社に電話しました。

その物件は、元々20年近くその場所で居酒屋をやっていた方が大家さんで、引退して店を手放すことにしたとのこと。テナント募集のポスターも、その日に貼ったばかりだと言います。何か縁を感じ、その物件で開業することを石田さんは決意し、すぐに申し込みました。

●毎日築地で旬の物を仕入れてくる

石田さんの店「こころむすび」は、9坪18席の「米にこだわった」居酒屋です。米は福島産のコシヒカリ。ガス台を仕込んだ竈で炊きあげています。日本酒も純米のお酒を中心にラインナップしています。食べ物にもお酒にも、〝米〟にこだわった店です。そして名物は炭火の焼き台で焼き上げる干物です。のどぐろやあなごの一夜干しなど、脂の乗った旬の珍しい干物が食べられます。そして、お酒を飲んだ後の〆には、竈で炊き上げた、「銀しゃりセット」「銀むすセット」のごはんメニューが人気です。

10種類用意した900円のランチには、18席の店に一日40人を超えるお客さんが見えてピーク時間には行列ができます。これも、オーナーの石田さんが、毎日愛車のバイクで築地へ買い出しに行って仕入れる、魚の鮮度や美味しさが知れ渡ってきたからです。

最近では、茨城県に農園を借りて、その自家農園で採った野菜を店で出しています。

●店名通りの「こころを結ぶ店」

石田さんの願いは店名にすべて表われています。「一人でも多くの人と心と心で結ばれたい」そんな思いが込もった店です。お客さんとお客さんの、店のスタッフとお客さんの、「心が触れ合い結ばれる」、そんな店にしたいのです。

実際に、『こころむすび』の接客はとてもフレンドリーです。オーナーの石田さんはもちろんのこと、厨房やホールで働くスタッフの笑顔は、心を結ぶ最高のきっかけになっています。

9坪18席の癒し空間

毎朝、築地市場で買い出しの店主石田洋司さん

銀しゃりとひもの炭火焼
こころむすび

住所／東京都新宿区新宿 2-8-17 SY ビル 1F
最寄り駅／地下鉄丸ノ内線「新宿御苑前駅」
席数／ 18 席

7章

繁盛店をつくるために本当に必要な5つのこと

実は繁盛店をつくるのは簡単なんです。本当です。ここに書かれた「本当に必要な7つのこと」を“真に”実行してください。多くの繁盛店主たちがやっていたことをこの章でまとめました。

当たり前のことを徹底する

凡事徹底する

「凡事徹底」という言葉があります。私は、前述の㈱八百八町の石井誠二さんからお聞きしたのが最初でした。「小さなことを積み重ねてこそ成功できる。当たり前のことを当たり前にできるようにすることが、非凡につながる」といった意味です。

●「凡事」とは、挨拶と掃除（整理整頓）のこと

私は、飲食業界における「凡事」（＝当たり前のこと）とは、毎日の挨拶と日々の掃除（整理整頓）ととらえて、セミナーなどでは「凡事徹底しましょう」とお話ししています。

本当に、この凡事（私流に言えば挨拶と掃除）を徹底させるだけで、繁盛店になれると思っています。逆に言うと、それくらい、この当たり前のことができていない店が多いのです。

先日、熊本へ講演に行ったとき、主催者の方に「お客さんの店の売上げが落ちていて改

装を検討しているので、店を見てくれ」と言われ、講演後に寄らせていただきました。繁華街の2階にあったその店は、営業中であるにもかかわらず、なんと2階に上がる1階の入り口上部に蜘蛛の巣が張っていました。私を呼んでくれた主催者の方と「改装の前に掃除ですよね」と呆れながら話したのを思い出します。

このような例は、決して珍しくありません。

お店の方は、店を改装して新しく格好よくすれば店がもっと繁盛すると思っています。たしかに改装は大きなチャンスで、イメージチェンジしたことによって集客を増やす可能性があります。しかし、改装をする前にやることがいくつもある場合が多いのです。

凡事徹底は〝気づく〟ことから始まる

この熊本のお店の例で言えば、最初にやるべきことは入り口の蜘蛛の巣の掃除です。そのためには、蜘蛛の巣の存在に〝気づく〟ことが必要です。この〝気づく〟というのが、とても大事です。

凡事を徹底すれば絶対に繁盛します。保証します。

では、その凡事の重要性に、まず気づけるか？　お金のかかる派手なことばかりに目が向くと、小さなこと、当たり前のことにはなかなか目がいきません。当たり前のことの重要性に気づいた時が、凡事を徹底させるスタートになります。

しっかりとした毎日の挨拶が、スタッフ同士でできているか？　お客さんを見て、しっかりと「いらっしゃいませ」と言えているか？　掃除や整理整頓が行き届いていて、気持ちよい環境を毎日、お客さんに提供できているか？　といったことが何より大切なのです。

栃木県・宇都宮駅前の「二代目こっこのすけ」は〝スーパー凡事徹底〟を合い言葉に、めちゃくちゃ元気な挨拶とびっきりの掃除で「栃木で一番、心配りをするお店」を目指しています。〝スーパー凡事徹底〟を掲げてから、スタッフがやるべきことがはっきりして、明らかにお客さんの反応がよくなったと言っています。

小さなことを積み重ねる

微差が大差を呼ぶ

行列ができる繁盛店に行っても、なぜその店がそこまで繁盛しているのかわからないことがあります。東京・目白駅近くにあるラーメン店「丸長」もそんな店のひとつです。創業50年を超える老舗ラーメン店なのですが、老舗だからといってそれだけで生き残れるわけではありません。

「丸長」は値段が安いわけでもないし（つけそば７５０円）、特別変わった商品を出しているわけでもありません。美味しいとはいえ、特別インパクトがあるというわけでもありません。

●一つひとつを見てゆくと、繁盛する理由がわかる

そんな、一見なんてことのない店でも、一つひとつをしっかりと見てゆくと、繁盛する理由がわかってきます。それは、一つひとつはわずかな小さなことでも、それが積み重な

って大きな差となっているのです。

古い店ですが、まず掃除が行き届いています。店に入ると、家に帰ったように迎えるアットホームな挨拶が返ってきます。座るとすぐに注文したものが出てきて、まったく待たせません。商品は、丼いっぱいに麺が溢れるように盛りつけられ、得した感じを与えます。野菜盛り・肉盛りといったバリエーションメニューが、スープ・麺と相性がピッタリで魅力的なのです。

●微差を積み重ねた延長に繁盛がある

毎日、厨房のダクトや床をきれいに磨き込むこと。客席のテーブルやトイレの便器を、ただ拭くのではなく、磨き込むように拭き上げること。注文を取る時などに、お客さんの目を見て話しかけること。お客さんの送り出しの際に、全員が「ありがとうございました。また、お越しください」と挨拶していること。

こういった毎日の、小さなことの積み重ねが重要なのです。

昨日よりも今日のほうが、もっと美味しくできないかと味つけを工夫する。仕入れ先と話をして、もっとよい材料が同じ値段にならないか話し合う。テレビで放送された旬の料理を真似て、限定でランチに出してみる、など……。

それらすべてが、すぐにお客さんが来店する理由になるわけではありませんが、一つひとつを続けた後に振り返ってみると、何もしなかった店と比べるといつしか大きな違いとなっています。

●繁盛法にウルトラCなどない！

今は、繁盛法にウルトラCなどありません。なぜなら、インターネットが普及したなかでは、すぐに他の店に真似られて、かつてのウルトラCが当たり前のことになってしまうからです。

オリンピックの体操競技でも、今やウルトラCでは点数が加算されません。ウルトラCの技を誰でもできるようになったからです。今は、ウルトラEやウルトラFをやらないと、点数をもらえません。常に最新の技を追いかけるのもいいのですが、リスクが高くなります。勝利をつかむのは、一つひとつのわずかなことを積み重ねて、大きな差とした店なのです。

脳を喜ばせる

●繁盛して当たり前!

「『成功したい』と言っている時、思っている時は、その言葉の中に『成功できないかもしれない』という考えが含まれている。脳はシンプルにメッセージを受け取るので、成功したいのならハッキリとイメージできるほうがよい。だから『成功したい』ではなく『成功して当たり前!』と話すことが成功へのアプローチになる」

これは、スポーツ選手などへの「脳トレ」コンサルで活躍されている方がお話しになっていたことですが、飲食店開業の現場で、このことを実感する機会はとても多いものです。

●脳が喜ぶことなら、人は成功に向かって自動的に動き出す

私も、27才で独立する時には「絶対に成功する」という、何の裏づけもない自信に満ち溢れていました。独立からしばらくは、まさに脳からドーパミンが出まくっていたのでし

ょう、毎日ワクワクしていて寝る間も惜しんで仕事をしました。そんな時は、失敗することなどまったく考えず、まさに怖いもの知らず。何をやってもうまくいくという、成功のイメージしかありませんでした。だからこそ、会ったことのない人の所へ出かけて行って、話をすることもできました。結果、それが成果にもつながっていました。

●錯覚した通りに行動する

「自分がやっていることを『オレはやれるんだ』と肯定的に錯覚するツイてる人と、『どうせダメだ』と否定的に錯覚するツイていない人。この2種類に大別される。そして、肯定的であれ否定的であれ、どちらも〝錯覚〟には変わりがない。脳はイメージしたことと、実際のことを区別できない」とも、先ほどの脳トレで活躍しているコンサルタントの方は話していました。

つまり人間は、錯覚したイメージ通りに行動するのです。それが錯覚であっても関係ないのです。そして、恐るべきことに、錯覚した通りに行動し、錯覚したイメージ通りの結果を手に入れます。結果とは行動したことによって手に入るものだから、否定的にイメージした人は否定的な行動を取り、否定的な結果を手に入れるというのです。

そうなると、肯定的に錯覚したほうがいいに決まっています。どちらも事実ではなく、錯覚なのだから。この肯定的に錯覚したイメージの描き方こそ、成功している人の秘密なのです。

そんな肯定的な錯覚をする人を、私たちは〝ポジティブな人〟と呼んでいます。今までは、「ポジティブな考え方をするから成功する」と思っていたかもしれません。そうではなく、「肯定的な錯覚をし、その通りに行動するので、結果、肯定的な成果を手に入れて成功している」のです。肯定的に物事をとらえる、その思考回路のことを〝ポジティブ〟と呼ぶのです。

成功を具体的にイメージする

●夢とは叶うもの、それとも叶わないもの?

「どんな夢を持っているのですか?」と聞かれて、あなたは何と答えるでしょうか。「私の夢は○○です」とハッキリと答えられる具体的な夢を持っているでしょうか?

あるいは言い方を変えて、あなたにとって「夢の定義」とは何でしょうか?「夢は叶うもの」それとも「夢とは、手に入らないもの」、あなたは、どう思っているでしょうか?

実は、「夢は叶うと思っている人は叶い、叶わないと思っている人が叶わない」のだそうです。「何のこっちゃ」と思うかもしれませんが、これが最新の脳科学でわかってきたことだそうです。

前項でお伝えしたように、私たちの脳はものすごくシンプルにできていて、イメージした通りのことを実現するために命令を出し、そのまま行動させるそうです。つまり、私たちはイメージが具体的であればあるほど、イメージした通りの結果を手に入れようと行動するのです。ですから、成功したいのであれば、そのイメージがいかに具体的になっているかがポイントになります。

●いかに具体的にイメージするかがポイント

開業に向けて成功のイメージが具体的にできあがっている人は、人が足りなければ一緒に店で働きたい人に声をかけるだろうし、お金が必要であれば、ダブルワーク・トリプルワークしてでも貯金を始めます。

実際に、横浜で開業したパン屋さん「Senora SANDRA（セニョーラサンドラ）」のオーナー原田薫さんは、朝はパン屋さんで働き、昼からはパチンコ店、夜はビル清掃とトリプルワークして、1年半で開業資金を約600万円も貯めました。現在は、奥さんの実家があるメキシコでパン屋さんを経営している原田さんですが、なんでこんなに働けたかと言うと、開業し、成功するイメージができていたからだと思います。

「開業するにはお金が必要。今までと同じやり方では時間がかかる。時間を短縮するために、ダブルワーク・トリプルワークしてお金を貯めよう」となっただけ。本人は、辛いとか大変だとか思っていなかったと思います。成功するには、成功のイメージが具体的に描けるかどうかにかかっているのです。

情報に対して瞬時に反応する 尻が軽いほどよく流行る

●情報に対して瞬時に反応できること

雑誌の取材やセミナーなどで「どんな人が繁盛して成功するのですか？」とよく聞かれますが、ひとつだけ挙げるとなると、最近は「尻の軽い奴ほどよく流行る」と答えるようにしています。

「どんな人が繁盛して……」と聞かれると、繁盛し成功した方の顔とやっていることがたくさん頭に浮かぶのですが、人それぞれの繁盛法でやり方もいろいろです。アイデア勝負でユニークな商品を連発する人、天才的におもてなしの上手な人、頑固なこだわりで繁盛している人……、本当に十人十色です。

しかし、成功した人達の行動面での特長、共通点を挙げるとなるとわかりやすい。それは、何しろ情報に対する反応が早く、行動が早いことです。

たとえば、全国展開する「梅の花」という、豆腐料理が特長の和食店の社長さん。あるセミナーで一緒になったイタリア料理店の社長が、朝は10時までが「おはようございます」、昼は3時までが「こんにちは」、その後は「こんばんは」にしていると話すと、すぐに店へ電話して挨拶時間の指示を出しました。そして、翌日から挨拶の言葉の時間帯が統一される。店頭公開し、全国展開している会社でありながら、この瞬発力があるのです。

●知っていたことに対してでも、気づけばその時の反応が早い！

パシオが主催する勉強会で、北海道の繁盛焼き鳥屋へ飲食店経営者7名で行ったときのことです。客単価2000円の焼鳥屋がおしぼりの塩素臭をソフランで消して〝巻き直し〟をしていました。それを体験した7名の経営者のうち5名が、すぐ自分の店の店長に電話していました。

「おしぼりの巻き直しをすれば、塩素臭が消えてお客さんが喜ぶことはわかっていたが、それは客単価の高い店での話と思っていた。まさか、自分の店より客単価の低い店で、それも地方都市の店で……」という思いがあったのでしょう。そんな場合でも、すぐに対応する〝尻の軽さ〟。そして、電話一本で指示が通る組織ができていること――これが繁盛店の条件だと思います。

●結果を早く出せば、早く次の手に移れる

なぜ、この早さが成功につながるかというと、結果を早く確認できて、次の手に移れるからです。やるかやらないか迷っている間に状況が変わってしまうことは多く、チャンスを逃すことも多くなります。やってみてうまくいかなかったら、また元に戻せばいいのです。少なくとも、迷って迷って後手に回り、チャンスを逃すよりよほどいいのです。

だからと言って、簡単には元に戻せない、経営に重大な打撃を与える可能性のあること（たとえば出店場所の決定など）に関しては、早くとばかり言っていられません。その辺の、押し引きの選択センスが高いのも〝尻の軽い奴〟の共通点に思えます。

夢を叶えた！
繁盛店の例7

立地を知り尽くし、最適地で開業

米屋のおにぎりは、やっぱり美味しい！

●1坪8万円の高額立地

西武池袋線と地下鉄が止まる練馬駅から2分ほど歩いた道路沿いに、「おむすび屋小島米店」があります。本書は基本的に「イートイン」のお店を紹介してきましたが、この店は「テイクアウト」のみです。それでもご紹介するのは、立地の選び方が非常にうまかったからです。

小島米店はパシオが手掛けた店でもっとも小さく、そしてもっとも坪当たり家賃の高い店です。5坪で家賃40万円、坪当たり8万円の物件です。最初にこの家賃を聞いた時にはびっくりしました。新宿や渋谷の一等地ならまだしも、「私鉄の準急が止まる程度の駅で坪8万円はないだろう！」と。

しかし、この物件は、おむすび屋の出店

場所とすると超A級の立地だったのです。

おにぎり屋さんは昼のピークタイムまでに、35~40%の売上げをつくる必要があります。では、6~20時が営業時間の「小島米店」が朝6時からの集客を考えた場合、どんな客層が想定できるでしょうか。そうです、朝早くから車で動く建築工事関係者がターゲットなのです。そうなると、片側一車線でスピードが出せない都心へ向かう通勤道路沿いが、早朝から集客を見込める最適な場所になります。駐車場はいりませんが、ちょっと車が止められる場所も必要です。メインである昼の集客も考えると、近くに会社があることも重要です。土日の集客も考えると、駅から近いことや、商店街があって住宅地としての顔もあるのが理想です。小島さんが選んだこの場所は、繁盛する立地条件をすべて満たしていました。

●長くお店をやる時の立地選びのポイント

なおかつ「不景気になり企業の統廃合が進んだ時には、官公庁のそばの店舗を優先して残す。たとえば、銀行が合併したら役所の近くの支店を優先して残すはず」というのが小島さん考えです。つまり、「役所の近くであれば景気に左右されず、長く店を営める」。練馬駅は練馬区役所の最寄り駅で、まさに優先して残される役所のそばだったのです。

「小島米店」には、毎日400人以上のお客さんがおむすびを買いに来ます。手づくりの美味しさが主な理由ですが、繁盛立地を選んだ選択眼の冴えも見逃せません。

5 坪の店に毎日 400 人以上のお客様が来る

おむすびのプロ小島透さん

おむすび屋小島米店

住所／東京都練馬区練馬 1-5-2
最寄り駅／西武池袋線、地下鉄有楽町線／
副都心線、都営地下鉄「練馬駅」
席数／テイクアウトのみ

付録

元融資担当者に訊く！お金の借り方必勝法

お店の繁盛法は「お客さんの立場になって考える」ことです。これをそのまま、お金を借りる場合に当てはめると「お金を貸す側になって考えてみる」ということになります。

そこで、元公的資金の融資担当者に訊いた、貸す側のリアルな本音をご紹介します。

貸す側の見方や言い分から垣間見えてくる判断基準を熟知し、借入れのための切り口や押さえどころを間違わなければ、より希望額に近い賢い借り入れができるはずです。

お金を借りるのですから、「どれくらい売上げて、どう返済するのか？」を計画したものを準備するのは当たり前です。開業物件が決定していなければ、店の規模も家賃も、席数もわかりませんから、開業後の売上げや経費が試算できるはずもなく、開業計画など立つわけがありません。ですので、3章でもお伝えしたように、お金を貸す側にとっては、物件が決まっていて「不動産賃貸契約がされていること」が、借り入れ申し込みの条件になるのは当然と言えます。

Q.1 実際問題として、どんな人ならお金を貸すのですか？

A　事業をやろうとする人にお金を貸す、これが基本です。一番重要視するのは計画性ですね。25日の給料日に毎月5万円ずつ、2～3年定期的に積み立てがある、なんていうのが一番金融機関に受けるんです。前から計画性があったんだと、金融機関は判断しますから。それと、勤務経験ですね。

Q　（土屋）面接の時に、気をつけたほうがいいことはありますか？

A　（元公的資金の融資担当者）担当者に「どれくらい自分をアピールできるか」がポイントです。要するに「貸す方を安心させなさい」ということです。1時間とか1時間半の短い面接時間ですから、たとえて言えば、通りすがりの人が突然「100万円貸してくれ！」と来ても貸さないですよね？　だから、どうやって貸すほうを安心させるかが問題です。貸す側は、確実に回収できるかどうかを見ているわけですから。

Q　見た目はどんな人がいいですか？

A　キチッとした人がいいですね。背広にネクタイのほうがいいでしょう。髪がボサボサ、服はトレーナーで来る人もいますが、ちょっとマズいですね。第一印象が肝心ですから。担当者が、「何だよ！」と思ったらマイナスですから、キチッとして行くにこしたことはありません。

土屋のコメント

「どんな人にお金を貸すんですか？」と聞かれれば、これは「お金を絶対に返す人」ということになります。「絶対」はありえないとしても、「お金を絶対に返しそうな人」に見られることが重要です。開業しようとする業種で長期に渡って充分な経験を積んでいることや、毎月決まった日に2年、3年とお金を定期的に積み立てて準備をしたことが評価されるのは当然です。それは「信用の置ける人」と受け取られているのですから。

お金を借りるという目的を考えると、今すぐにでも毎月定期的にお金を貯め始めるのが効果的です。それも、決まった日に決まった通帳に貯めていくほうがいいということになります。

面接では、料理人なら背広にネクタイでなくてもいいでしょうが、ジャケットを着てスッキリした髪型で、開業計画書の数字もしっかりと書き込んで面接に行き、職人だけど「社会性も計画性もありますよ」という所をアピールするのがいいですね。

Q.2 私は自己資金を500万円持っています。いくら借りられますか？

Q　日本政策金融公庫では自己資金と同じ額を貸してくれますよね？

A　いえ、創業を支援するということで、3分の1の自己資金を用意してください、という言い方をしています。私は最低限でも、半分は自己資金が欲しいと指導していました。

Q　500万円お金を持っています、飲食店で5年間働いていました、この場合はいくらくらい借りられる可能性がありますか？

A　私は慎重なので、300万円だったら出します。実際には500万円でもいけるんでしょうけども、300万から400万円くらいですかね。

Q　脱サラの人が、借りるために何か準備しておいたほうがいいことってありますか？

A　趣味と仕事を混同する人に対しては「趣味でやるんなら、退職金を使ってやってください」と言います。脱サラの人も、ある程度の経験を持たないと飲食店は難しいですね。飲食店は、簡単に入れそうな感じがするのでしょうが……。

Q　300万円貯めています。生命保険で100万円、奥さんは100万円ほど貯金があります。学資保険の積み立てが50万円あります、という場合はどうでしょうか？

A 自己資金額の合計は500万円になりますね。学資保険の積み立ては関係ありません。子供さんのお金ですから、それは使えませんね。

Q 奥さんの貯金は自己資金に含まれますか？

A 奥さんの貯金は使えます。

Q 貯蓄型の生命保険で、100万円は自由に下ろせます、といった感じのものでも問題ありませんか？

A それは使えます。

Q この場合、通帳や証書を持っていけばいいのですか？ 現金化する必要はありますか？

A 通帳や証書で大丈夫です。お金をひとつの通帳にまとめる必要は、まったくありません。バラバラで結構です。五つ六つあったら、それを全部持っていって「合算すると500万ありますよ」となっていればいいんです。まとめなきゃいけないと思って、まとめる方がいますが、必要ありません。

土屋のコメント

匿名でのコメントですが、それでも具体的に訊くと、慎重で手堅い金額が返ってきます。話の内容が少しずつ変わってくるのは、徐々にガードが外れてきたせいだと思います。

Q.3 効果的な開業計画書の書き方はありますか？

Q　効果的な開業計画書の「書き方のコツ」みたいなものはありますか？

A　今は金融機関も厳しいですから、よっぽど金融機関を納得させる書類を持っていかないと厳しいですね。開業に至る経過とか、資金の調達関係とか、開業後にどうやっていくかを書いてほしいです。たとえば、「梅雨の時期になると客数が落ちるけど、そんな時は売上げのマイナス分をどんな事をやって補填するのか？」とか、「開業後のリピート客をどうやって確保するのか？」といったことへの答えが書いてあるといいですね。開業後に集客するためのチラシを作ってポスティングする計画とか、具体的な対策です。

Q　開業計画書に、具体的な集客プランを書くということですか？

A　本音を言えば、新規開業はやってみなければわかりません。売上げ予測はつくりますけれども、貸すほうもわかりません。納得させる資料をつくってくれ、ということです。どうやってお客さんを集めるの？　どうやって特性を出すの？　といったことが知りたいわけです。

Q 効果的な開業計画書とは、どういうものですか？

A 相手が貸したくなるようなことを書いてほしい。立地がこうだとか、人口比率がこうだとか。市場調査する人も結構いますよ。店前交通量が何人だとか、カウンターで数える人がいるんです。男性が何人、女性が何人といった感じでね。初めは、少なめの数字を書いた売上げの計画書を持っていくのがいいと思いますね。担当者もプロですから、あまり大きな数字ですと「こんなにいかないよ！」と、印象が悪くなりますから。

土屋のコメント

効果的な開業計画書とは、どうやって借りたお金を返済するのかという「返し方」が書いてあるものだと思っています。公的金融機関には、借り入れのためのフォーマットとしての開業計画書や、借り入れ申込書があります。しかし、「どうやってお客さんを集めるか？　どうやって特性を出すか？」「開業後のリピート客をどうやって確保するのか？」など、開業後に集客するための具体的な計画や効果予測を書く項目はありません。面接には、自分なりの開業計画書をつくって持って行く必要があります。

Q.4

保証人はどんな人がよいのですか?

Q　保証人の条件はありますか?

A　保証人というのは、第三者で力のある人がいいです。借りる人を保証するのは、その人と同等か、それ以上の人じゃないとできませんから。

Q　「力のある人」とは、お金をたくさん持っている人ということですか?

A　収入と資産がある人です。上場企業で働いている人はいいですね。部長さんとかですと余計にね。ほかに、社会的な地位の高い人、本省の役付の人も適任です。

Q　保証人がしっかりしていると、自己資金と同額以上にお金を貸してくれる可能性があるということですか?

A　あり得ます。

土屋のコメント

日本政策金融公庫では、創業を支援するという意味で「1000万円までの借り入れは、保証人や担保がいらない」制度があり、私がプロデュースする開業では、保証人を立てての借り入れはほとんどありません。逆の言い方をすると、「保証人や担保がいらない1000万円までの借り入れで開業する人がほとんど」と言えます。

というのも、金融機関からの借り入れの保証人は、「連帯保証人」になるからです。連帯保証人は、借りた人と同じ責任を持ちます。そうなると、なかなか1000万円以上の借り入れの保証人になってくれる人はいません。

もうひとつ、保証人になってもらうということは、自分もその人に頼まれたら保証人にならざるを得ないから、というのも理由です。自分は保証人を頼んでおいて、逆にその人から「保証人を頼まれたら断る」というわけにはいきません。つまり、自分が保証人になりたくないから、保証人のいらない1000万円以内の借り入れにする方がほとんどなのです。

1000万円の自己資金を用意して、保証人や担保がいらない1000万円までを借り入れして、総額2000万円以内で開業する――これが、公的融資を利用した個人開業の、ひとつの標準的な開業資金の準備のしかたと言えます。

Q.5 担保がある場合は、いくら借りられるんですか？

Q　自分が200万円持っていて、親が土地を持っていて1000万円分の担保を持っている。こんな場合はいくら借りられますか？

A　せいぜい、300万円か400万円くらいです。

Q　「5000万円分の担保があるから、それに対して貸してくれ」というのはどうですか？

A　それはダメです。「担保があるから、その分で貸そう」というのやらない。銀行は根抵当を組んで、その範囲内でやりますけど、政府機関はそれをやりません。抵当を組む場合もあるんですが、その都度審査して条件が合えば、という前提があるんです。

Q　審査とはどんな内容なんですか？

A　通常と同じ審査ですね。

Q　それは開業計画に対しての審査であって、担保に対してではないのですか？

A　開業計画に対しての審査です。担保の審査というのは始めにやりますから。その後は、評価の見直しぐらいしかやりません。地価が変動しますから。

Q　それなら、単純に担保がある場合は銀行から借りたほうがいいですね？

A　そうです。楽です。

Q　銀行は開業に対する貸し付けはないということでしたが、担保に対する貸し付けはあるわけですね？

A　あります。たとえば東京都（県）や区（市）の「制度貸し付け」というものがあるんですが、実際は銀行が貸しているんです。これは揃える提出書類がものすごく多くて、時間が掛かります。銀行へ回すための書類が必要になるからですね。政策金融公庫はペーパー2、3枚で済みますから期間も短いです。

土屋のコメント

担保に関しては、本人の所有しているものでなくても（つまり両親や親戚、友人など）、担保提供により借り入れが可能です。

さらに公的融資では、すでに担保に入っている二番抵当・三番抵当でも、その担保価値分は借り入れの対象となります。

たとえば、「東京都で店を開くが、担保提供しようとしている土地は秋田県にある」といった、担保が開業場所とは遠隔地にある場合、全国的に展開している日本政策金融公庫からの借り入れが有利と言えます。地方銀行はもちろん、全国展開している都市銀行でも、遠隔地の担保だと認めてくれない場合が多いからです。

担保価値の評価や査定にも時間が掛かるので、担保を提供しての借り入れを考えている方は、早めに金融機関へ相談に行くことをお勧めします。

著者略歴

土屋光正（つちや　みつまさ）

飲食店プロデューサー。株式会社パシオ代表取締役。

東京生まれ。大手スーパーマーケットのSP（販売促進）デザイナー・プランナーとしてSP広告代理店で活躍後、1984年㈱パシオを設立して独立。

飲食店の開業・リニューアルプロデュース業務を開始。手掛けた飲食店は、日本・アジアで600店を超える。

独自の視点からの繁盛店づくりに定評があり「繁盛の神様」と呼ばれ、セミナー講師、TV出演、雑誌掲載など多数。

「開業・リニューアル・経営改善」の相談へ、日本全国から開業・リニューアル希望者がパシオを訪れる。

飲食店専門誌「新しい飲食店開業」にて「すごい開業」を連載中。

テンポス新宿にて「繁盛飲食店のつくり方セミナー」の講師を勤める。

『また行きたい飲食店　繁盛の鉄則35ヶ条』『行列ができるラーメン店づくり』(商業界)、『蘇る繁盛店』『バカな店』(テンポ)、『飲食店リニューアルの成功法則』(同文舘出版）など著書多数。

■問い合わせ先（相談・セミナー）
株式会社パシオ
TEL：03-3232-9681
http://www.pasio-ltd.co.jp

自己資金150万円から！
はじめよう　小さな飲食店

平成23年3月16日　初版発行
平成24年8月 8 日　2刷発行

著　者　土屋光正

発行者　中島治久

発行所　同文舘出版株式会社

東京都千代田区神田神保町 1-41　〒 101-0051
電話　営業 03(3294)1801　編集 03(3294)1802
振替　00100-8-42935
http://www.dobunkan.co.jp

 ISBN978-4-495-59121-2
印刷／製本：萩原印刷　Printed in Japan 2011